D1874454

Wissen und Entdecken
Das bunte Kinderlexikon

Erde

Schneider
Buch

Inhalt

Erde

Gesichter der Erde

Die Erde erhält ihre schöne blaue Farbe durch das Wasser der Ozeane.

Viele Städte liegen an den Meeresküsten.

Die Berge sind die höchsten Erhebungen des Planeten Erde.

Der Blaue Planet

Aus dem Weltraum betrachtet sieht unser Planet aus wie eine große blaue Kugel mit gelben, braunen und grünen Flecken. Das Wasser gibt der Erde diese blaue Farbe, denn der größte Teil ihrer Oberfläche ist von Meeren bedeckt.

Land und Meer

Ozeane und Meere bedecken mehr als zwei Drittel der Erdoberfläche. Dazwischen liegen enorme Landmassen, die „Kontinente“ genannt werden. Diese Erdteile ragen aus dem Wasser heraus. Der größte Ozean, der Pazifik, bedeckt mehr Fläche als alle Kontinente zusammen!

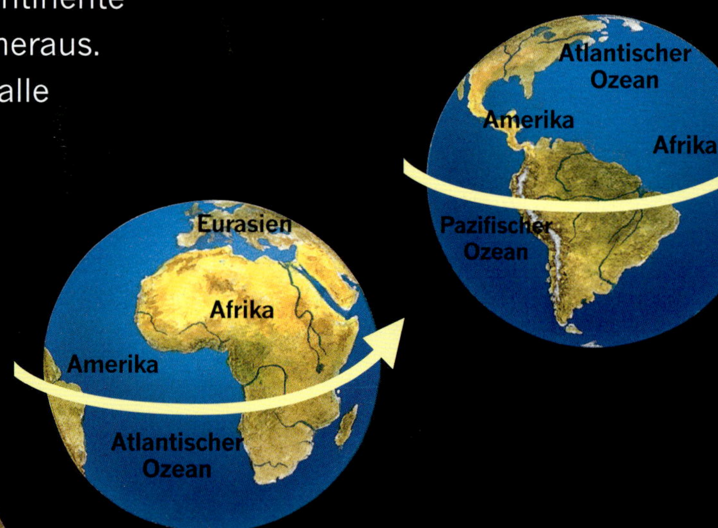

Vom Weltraum aus gesehen ist **die Erde** von dicken weißen Wolken umgeben, die sich bewegen.

Die amerikanische **Raumfähre** fliegt i einer Höhe von 300 bis 500 km über der Erde.

Afrika, Amerika, die Antarktis, Ozeanien und Eurasien sind die fünf **Kontinente**. Der größte ist Eurasien, der sich aus Europa und Asien zusammensetzt. Die meisten Kontinente liegen auf der Nordhalbkugel des Planeten.

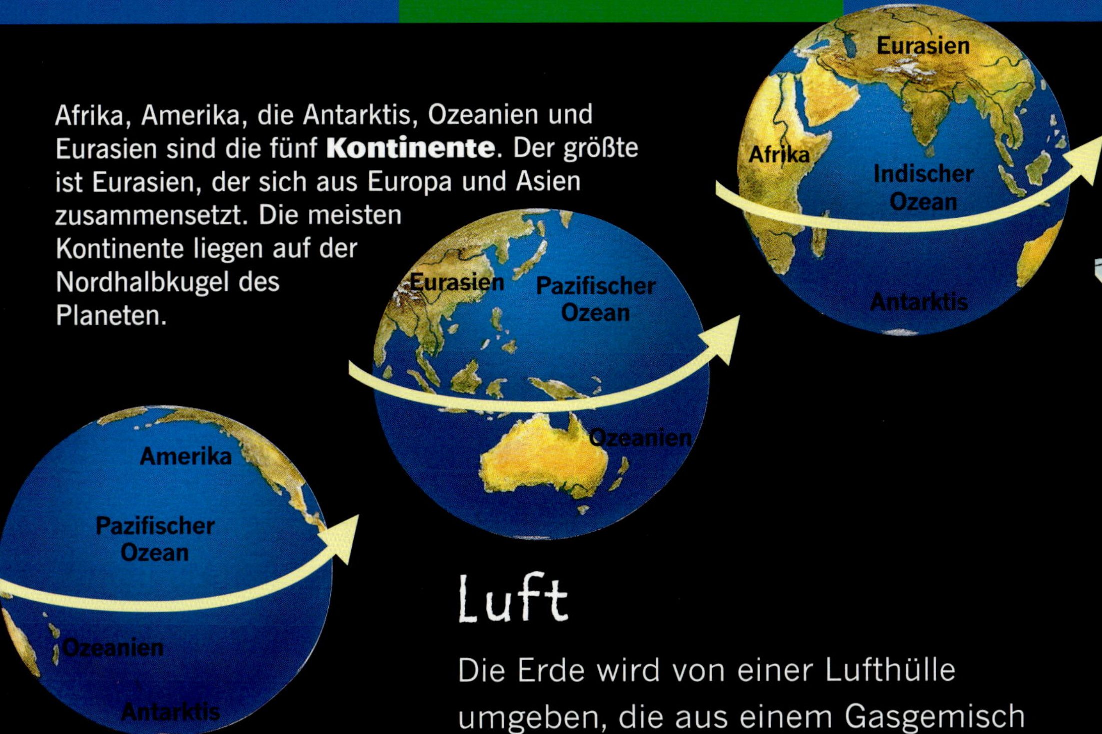

Luft

Die Erde wird von einer Lufthülle umgeben, die aus einem Gasgemisch besteht. Sie wird Atmosphäre genannt. Ohne sie gäbe es kein Leben auf der Erde. Die Atmosphäre setzt sich zusammen aus Sauerstoff, den wir zum Atmen brauchen, Kohlendioxid* als Nahrung für die Pflanzen und Ozon*, das uns vor den schädlichen Strahlen der Sonne schützt. Die Atmosphäre wirkt auch als Schutzmantel vor der Hitze der Sonnenstrahlen.

Die Atmosphäre ist die **Luftschicht**, die bis zu einer Höhe von 800 km über der Erde liegt. Jenseits der Atmosphäre befindet sich der Weltraum.

Die meisten **Telekommunikationssatelliten** umkreisen die Erde in einer Höhe von mehr als 30 000 km. Nur wenige Satelliten* fliegen innerhalb der Atmosphäre.

Flugzeuge fliegen in einer Höhe von 10 km und damit in der untersten Schicht der Atmosphäre.

Warum ist der Ozean blau?
Von der Erde aus gesehen ist der Ozean nicht immer blau. Oft spiegelt der Ozean die Farbe des Himmels. Bei grauem Himmel erscheint auch der Ozean grau. Algen können ebenfalls die Farbe des Wassers verändern und ihm ein grünes oder bräunliches Aussehen verleihen.

Gibt es einen Unterschied zwischen Ozean und Meer?
Die zusammenhängenden Wassermassen der Erde bezeichnet man als Weltmeer. Durch die Kontinente wird das Weltmeer in drei Ozeane unterteilt: den Pazifischen, Indischen und Atlantischen Ozean. Dazu gibt es noch eine Anzahl von Nebenmeeren.

Warum sind Ozeane und Meere salzig?
Der Hauptteil des Salzes stammt aus der Lava* der Vulkane, die sich auf dem Meeresboden befinden. Einen kleinen Teil bringen die Flüsse von den Felsen mit, die sie auswaschen.

Bilder der Erde

Schon immer brauchten die Menschen Hilfsmittel, um sich auf der Erde zurechtzufinden.

Karten und Globen

Unser Planet ist groß: Für eine Reise einmal um die Erde muss man 40 000 km zurücklegen! Um den eigenen Standpunkt bestimmen zu können und sich auf Reisen besser zurechtzufinden, versuchten die Menschen die Erde darzustellen. Sie bauten Globen und zeichneten Karten, die manchmal nur einen Teil des Planeten darstellten. Für eine einheitliche Orientierung legten sie vier große Richtungen fest: Norden ist immer oben, Süden unten, Westen ist links und Osten rechts.

Gedachte Linien

Zur besseren Orientierung auf einer Karte haben die Menschen um den Erdball gedachte Linien gezogen. Sie entsprechen den Naturerscheinungen, die sie beobachtet haben. Die Äquatorlinie wurde zum Beispiel dort gezogen, wo die Leute festgestellt haben, dass Tag und Nacht gleich lang sind. Der Äquator* teilt die Erde in zwei gleich große Teile. Am 21. Juni steht die Sonne senkrecht auf einer Linie nördlich vom Äquator, die als nördlicher Wendekreis bezeichnet wird. Danach kehrt sie scheinbar um und steht am 21. Dezember senkrecht über dem südlichen Wendekreis.

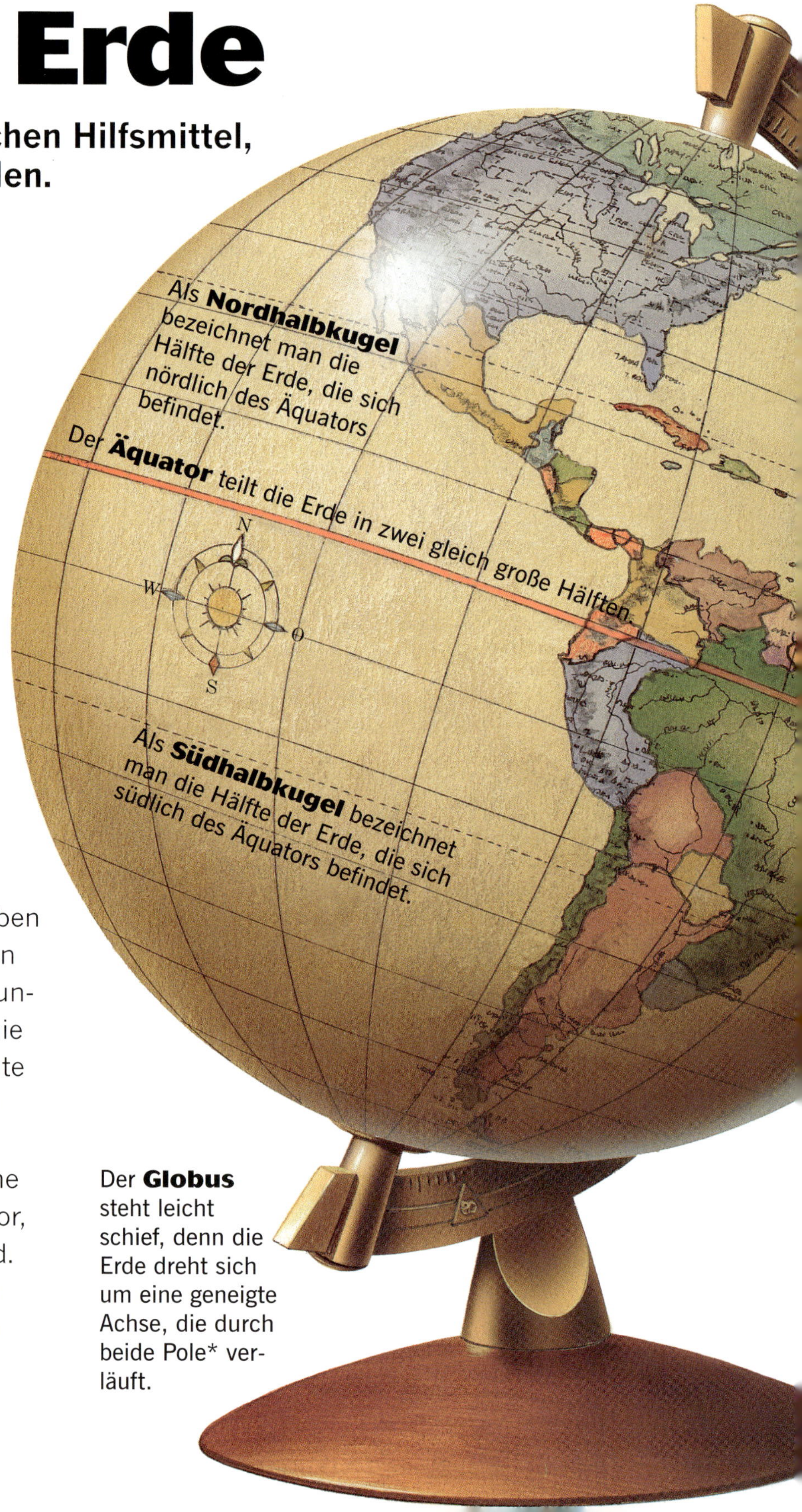

Der **Globus** steht leicht schief, denn die Erde dreht sich um eine geneigte Achse, die durch beide Pole* verläuft.

Die **Längenkreise** sind nach Osten und Westen jeweils von 0° bis 180° nummeriert. Sie besitzen alle die gleiche Länge. Durch die Längenkreise, auch Meridiane genannt, wird der Längengrad angegeben.

Der durch Greenwich bei London verlaufende Längenkreis wurde als **Nullmeridian** festgelegt. Er dient der Orientierung.

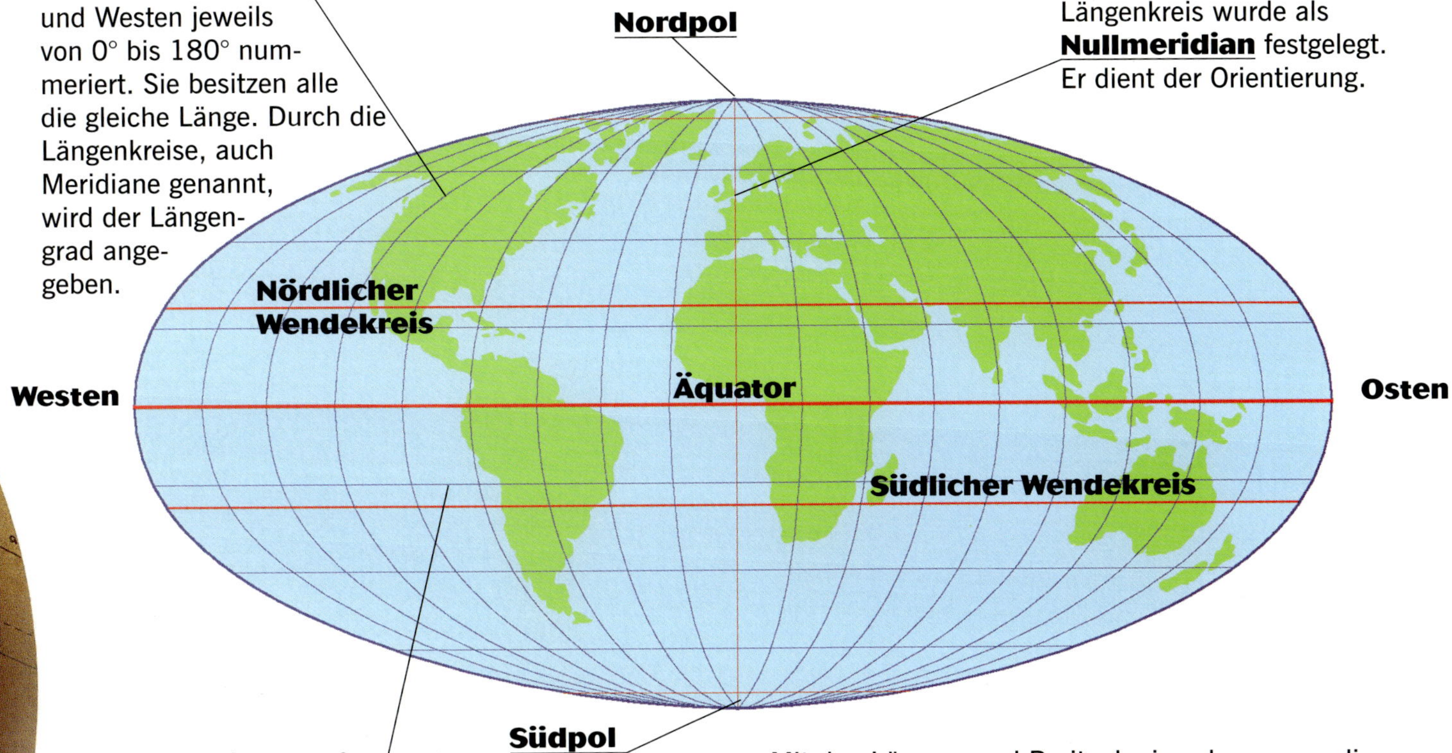

Die **Breitenkreise** sind parallel zum Äquator* verlaufende Kreise. 90 von ihnen laufen nach Norden und 90 nach Süden. Ihre Länge ist dabei jeweils verschieden. Mit ihnen wird der Breitengrad bestimmt, der von 0° am Äquator bis 90° an den Polen reicht.

Mit den Längen- und Breitenkreisen kann man die Lage von jedem Ort auf der Welt genau bestimmen. Berlin liegt bei 13° 20' östlicher Länge und 52° 30' nördlicher Breite.

Seit wann gibt es Karten?

Karten wurden bereits im Altertum von Babyloniern, Chinesen und Ägyptern gezeichnet. Die alten Griechen stellten zum Beispiel Karten von den Küsten des Mittelmeers her.

Wie wurden sie gezeichnet?

Die Beobachtungen der Seeleute dienten als Grundlage für die ersten Karten. Lange Zeit wurden Karten nur nach den Erkenntnissen hergestellt, die man von der Erdoberfläche aus gewinnen konnte. Sie waren also nicht sehr genau.

Und wie genau sind sie heute?

Die Erfindung der Ballonfahrt und später der Flugzeuge und der Fotografie ermöglichte sehr viel genauere Kartenzeichnungen, denn man konnte die Welt nun von oben betrachten und fotografieren. Heute werden Bilder von Satelliten*, die die Erde umkreisen, herangezogen.

Die Erdoberfläche

Die Kontinente sind nicht flach. Berge ragen in den Himmel, Flüsse durchziehen die Ebenen, das Meer formt die Küstenlinien. Die Oberfläche der Erde setzt sich aus all diesen Hohlformen und Erhebungen zusammen.

Manche **Berge** bilden Gebirgsketten, die sich über tausende von Kilometern erstrecken. Allerdings gibt es davon nicht sehr viele.

Schnee und Eis aus den Bergen speisen viele **Wasserläufe**.

Der größte Teil der Kontinente besteht aus **Ebenen**. Das sind riesige flache und tief liegende Flächen.

Meist stehen Berge nicht allein, sondern bilden lange **Ketten**.

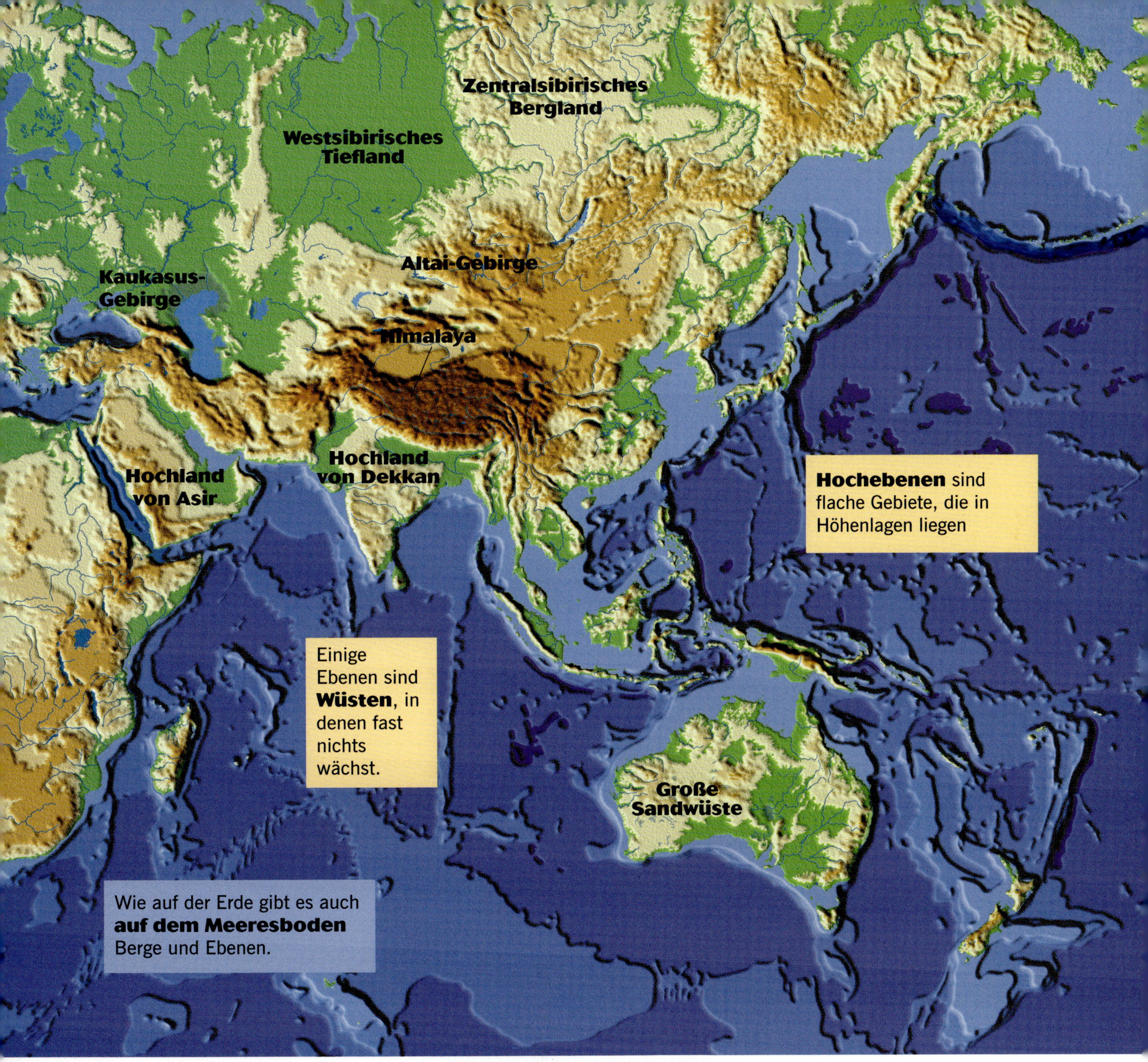

Hochebenen sind flache Gebiete, die in Höhenlagen liegen

Einige Ebenen sind **Wüsten**, in denen fast nichts wächst.

Wie auf der Erde gibt es auch **auf dem Meeresboden** Berge und Ebenen.

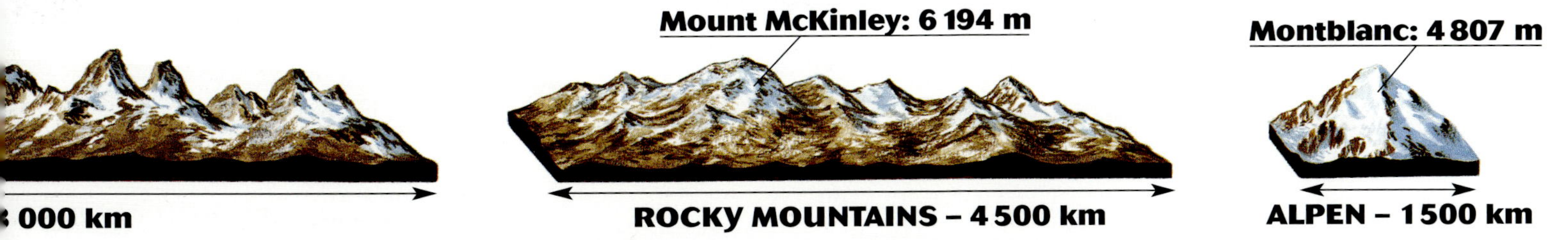

Gebirge

Die Gebirge sind die höchsten Erhebungen des Planeten. Dort ist es kalt, und es regnet oder schneit häufiger als in der Ebene.

Von unten nach oben

Die Landschaft verändert sich mit der Höhe und je nachdem, auf welcher Seite des Berges man sich befindet. Je höher man steigt, desto kälter wird es. Die Temperatur sinkt pro 1 000 m um etwa 6° C. Die Menschen haben sich unten in den Tälern angesiedelt. Dort bebauen sie ihre Felder. Erst Laub-, dann nur noch Nadelwälder ziehen sich die Berghänge hinauf. Noch höher liegen die Almen, weitläufige Weideflächen, wo die Viehherden den Sommer verbringen. Oberhalb der Almen bis zum Gipfel folgen Felsen, manchmal auch Gletscher. Im Winter sind die Berge von Schnee bedeckt, und Skifahrer sausen über die Hänge.

Wie sind die Gebirge entstanden?
Die Gebirge entstanden durch die ungeheure Kraft der Kontinentalplatten, die sich verschoben und dabei die Erdkruste an manchen Stellen aufgefaltet haben.

Wie lange brauchten sie, um sich zu bilden?
Die ältesten Gebirge entstanden vor mehreren hundert Millionen Jahren, die jüngeren vor einigen zehn Millionen Jahren.

Wachsen die Gebirge noch weiter?
Ja, einige Gebirge, wie der Himalaya, wachsen immer noch. Doch das geschieht so langsam, dass wir es kaum bemerken.

Sonne oder Schatten

Die Gebirgshänge werden von der Sonne nicht überall gleichmäßig erwärmt. Der Nordhang bleibt einen großen Teil des Tages im Schatten. Hier ist es sehr viel kälter als am Südhang, wo die Anbauflächen, Wälder und Almen höher hinaufreichen als am Nordhang. Die Gletscher liegen am Nordhang eines Berges.

Der **Südhang** liegt in der Sonne.

Die Vegetation verändert sich je nach Höhenlage. Man spricht von verschiedenen **Vegetationsstufen**.

Flaches Land

Weite Ebenen, Hügel und Hochebenen bedecken den größten Teil der Erde. Das Leben ist hier meist einfacher als in den Bergen, vor allem der Ackerbau.

Die Ebenen

Ebenen sind große, flache Gebiete. Flüsse ziehen sich in weiten Schlingen, Mäander* genannt, durch das Land. Die meisten Menschen haben sich in den Ebenen angesiedelt, denn im Flachland ist es einfacher sich fortzubewegen und Städte zu bauen. Oft liegen Siedlungen auch in der Nähe von Flüssen, die sie mit Wasser versorgen und auf denen Waren transportiert werden. Die Anbaugebiete der riesigen Ebenen in Amerika, Europa und Asien können fast die gesamte Weltbevölkerung mit Nahrung versorgen.

Die Hochebenen

Hochebenen sind flache Gebiete in Höhenlagen. Sie erinnern an große Tische und werden von Abhängen gesäumt. Manchmal haben Flüsse sich in die Hochebenen gegraben und dabei enge, tiefe Täler hinterlassen, die man Schluchten oder Canyons nennt. Für Menschen ist es schwierig, auf solchen Hochebenen zu leben: Die tiefen Täler stören ihre Bewegungsfreiheit, und das Flusswasser ist für sie kaum erreichbar.

Was ist ein Flussbett?
Ein Fluss fließt im so genannten Flussbett. Man muss unterscheiden zwischen dem Flussbett, in dem er ständig fließt, und dem Hochwasserbett, das der Fluss nur ausfüllt, wenn er bei Hochwasser über die Ufer tritt.

Ruht sich der Fluss in seinem Bett aus?
Nein, er ruht sich nicht aus, sondern er arbeitet. Er führt Kieselsteine, Sand und sogar Plastikflaschen mit sich. Er gräbt sich sein Bett und reißt dabei Erde und Pflanzen von den Ufern mit sich.

Was geschieht bei Hochwasser?
Bei Hochwasser breitet sich der Fluss über eine größere Fläche des Tals aus. Er tritt über die seitliche Begrenzung seines Flussbettes, denn dieses ist nicht mehr groß genug, um alles Wasser aufzunehmen: Es kommt zu einer Überschwemmung.

Hügel

Hügel sind kleine, abgerundete Berge. Oft sind sie die Millionen Jahre alten Reste von höheren Bergen, die im Laufe der Zeit abgetragen wurden.

An der Küste

An den Küsten treffen Meer und Land aufeinander. Viele Städte wurden entlang der Küstenlinien gebaut.

Zwischen Land und Meer

An den Küsten übt das Meer über Wellen, Gezeiten und Strömungen seinen Einfluss auf die Kontinente aus. Es gräbt sich nach und nach in die Erde, formt große und kleine Buchten. Es häuft Sand auf und schafft so Strände. Küsten können ganz gerade verlaufen, aber meist folgt ein Einschnitt dem anderen: Buchten und Landzungen wechseln sich ab.

Felsklippen bestehen oft aus sehr hartem Gestein. Seevögel bauen hier ihre Nester.

Leben an der Küste

Die Küsten sind besondere Orte. Die Einflüsse von Kontinent und Meer vermischen sich: Die Luft ist feuchter, im Winter wird es nicht sehr kalt, im Sommer nicht sehr heiß, denn die Meere erhitzen sich weniger und kühlen nicht so stark ab wie die Kontinente. Menschen haben sich in großer Zahl entlang der Küsten angesiedelt, um die Vorteile des milden Klimas zu nutzen. Sie treiben Fischfang, Handel oder reisen mit Booten umher. Einige der größten Städte der Welt sind Hafenstädte: Zum Beispiel New York, Tokio, Shanghai oder Rio de Janeiro.

?

Woher stammt der Sand an den Stränden?

Sand besteht aus winzigen Gesteins- oder Muschelteilchen, die entweder von den Flüssen mitgeschwemmt oder vom Meer zerrieben wurden.

Warum wird der Sand manchmal weniger?

Im Winter haben die Wellen größere Kraft und nehmen teilweise Sand mit in tieferes Wasser. Im Sommer sind die Wellen nicht so stark, und das Meer bringt den Sand wieder an die Strände zurück.

Warum gibt es an einigen Stränden nur Kies und keinen Sand?

Das Meer allein kann nicht genug Sand herstellen. Wenn es keinen Fluss gibt, der Sand anschwemmt, bleibt nur Kies. Dieser besteht aus vom Meer zerriebenen Felsbrocken.

Farben der Erde

Unser Planet bietet herrliche Landschaften mit unendlichen Formen und Farben: weiße Berge, türkisfarbene Meere, dichtes Grün im tropischen Regenwald ...

Die **Rocky Mountains** ziehen sich von Norden nach Süden durch Nordamerika. Hier eine Landschaft in Kanada

Weiße **Sanddünen** in New Mexico (USA)

Eine Insel im Südpazifik umgeben von einem **Korallenriff**

Der **tropische Regenwald** bedeckt einen großen Teil von Papua-Neuguinea. Hier leben viele Volksstämme.

Die Landschaft um Guilin. Der Wald von **Felshügeln**, der sich über Reisfeldern erhebt, hat viele chinesische Künstler angeregt.

Weltrekorde

Der tiefste Punkt der Kontinente befindet sich im Toten Meer, einem Binnenmeer zwischen Israel und Jordanien. Es liegt 400 m unter dem Meeresspiegel.

Die höchste Düne liegt in der Wüste Sahara in Nordafrika. Sie ist 465 m hoch, das heißt 145 m höher als der Eiffelturm.

Die höchsten Wasserfälle heißen „Salto del Angel" („Engelssprung") und liegen am oberen Lauf des Caroni-Flusses in Venezuela in Südamerika. Sie sind 979 m hoch (20-mal höher als die Niagarafälle).

Dünen

Dünen sind vom Wind aufgehäufte Sandhügel. Je nach Stärke und Richtung des Windes nehmen sie verschiedene Formen an.

Dünen in der Libyschen Wüste
Diese Dünen stehen in der Regel auf riesigen Sandfeldern, den so genannten Ergs. Die Dünen wandern ständig, bleiben aber immer innerhalb der Ergs.

Die Dünen in der Namib-Wüste in Namibia gehören zu den höchsten der Erde. Sie erheben sich mehr als 400 m hoch.

Dünen von Ubarit in der Libyschen Wüste
Diese hohen und abgerundeten Dünen werden durch riesige Sandmassen gebildet.

Die Erde lebt

Was passiert im Innern der Erde?

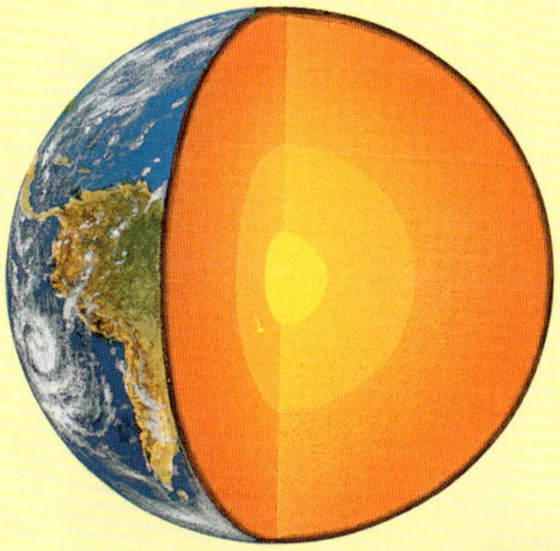

Auf dem Meeresboden gibt es mehr Vulkane als auf dem Land.

Einige Vulkane spucken bei einem Ausbruch riesige Gas- und Staubwolken.

Im Innern der Erde

Im Innern der Erde ist es sehr, sehr heiß. Es ist dort sogar so heiß, dass das Felsgestein geschmolzen ist. Und auf diesem flüssigen Gestein schwimmen Kontinente und Ozeane.

Verschiedene Schichten

Unter dem Erdboden, auf dem wir leben, liegt eine Felsschicht. Diese Schicht nennt man Erdkruste. Sie ist sehr dünn, das heißt sie führt nicht mehr als maximal 50 km in die Tiefe. Unter dieser Kruste befindet sich der Erdmantel, der aus einer dicken Schicht geschmolzenen zähflüssigen Gesteins besteht. Der Erdkern setzt sich aus sehr heißem Eisen und Nickel zusammen.

Platten in Bewegung

Die Erdkruste besteht nicht aus einem einzigen Stück. Sie ist aus einzelnen Teilen, den Platten, zusammengesetzt, die auf dem Mantel schwimmen. Da der Mantel ständig in Bewegung ist, bewegen sich auch die Platten im Verhältnis zueinander.

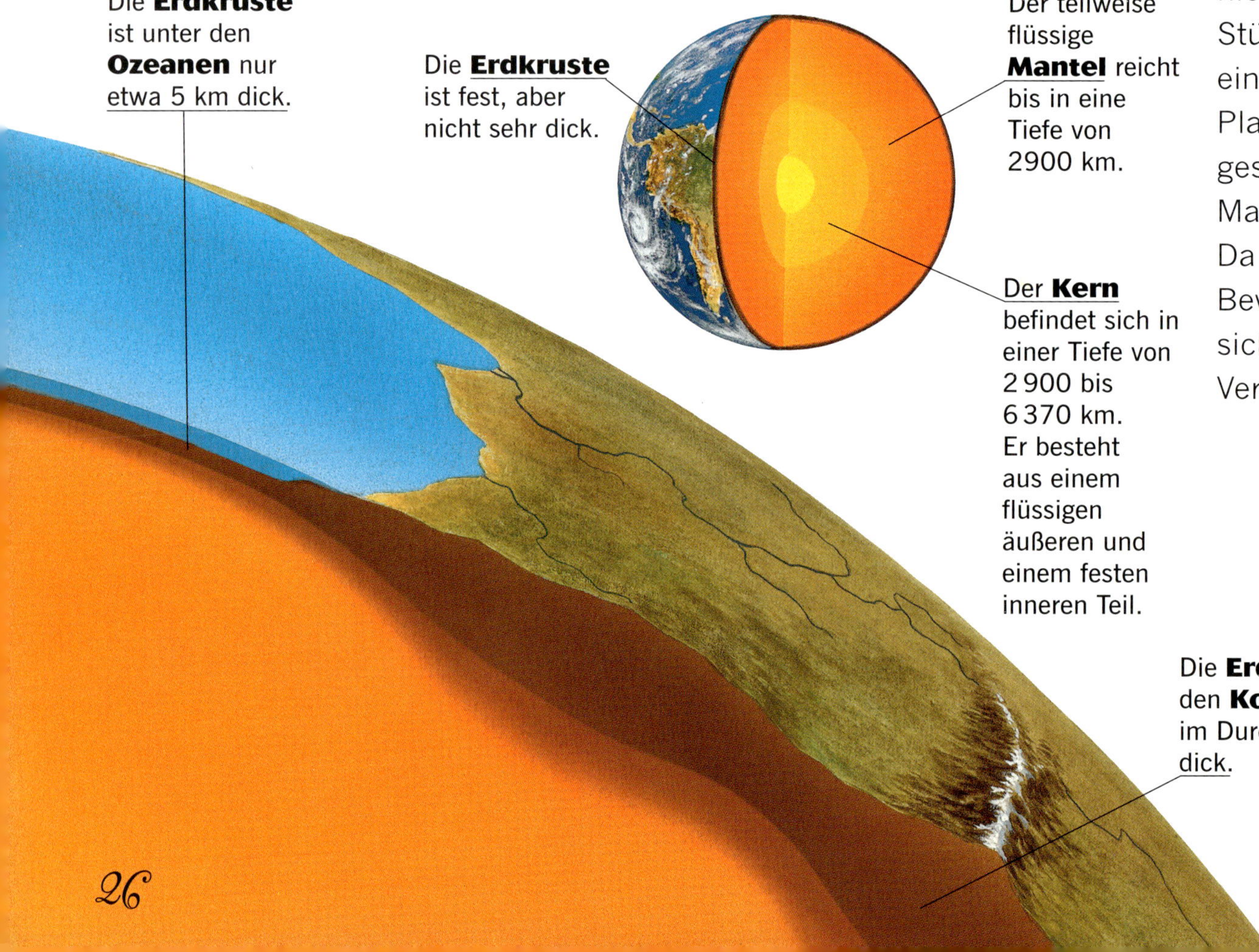

Die Kontinente wandern

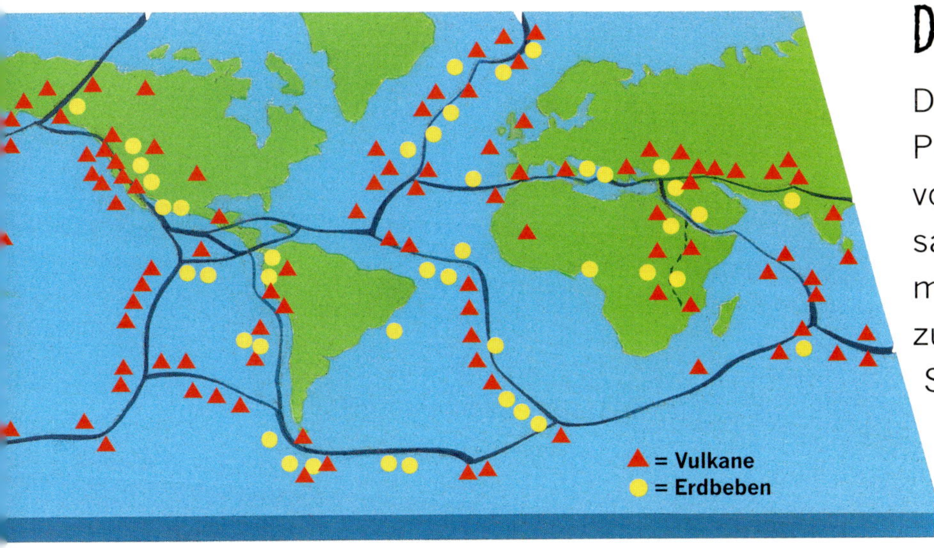

Die Erdkruste erinnert an ein riesiges Puzzle. Sie setzt sich aus mehreren **Platten** zusammen, die sich voneinander weg oder zueinander hin bewegen. Diese Bewegungen sind die Ursache für Erdbeben und Vulkanausbrüche.

Die Kontinente liegen auf verschiedenen Platten und werden durch deren Bewegungen voneinander weggetrieben. Diese sehr langsame Bewegung können wir nicht wahrnehmen. Europa und Amerika entfernen sich zum Beispiel jedes Jahr um einige Zentimeter. Seit der Entstehung der Erde haben sich die Kontinente stark voneinander weg bewegt. Am Anfang bildeten sie einen einzigen, von Wasser umgebenen, Urkontinent. Nach und nach ist er in mehrere Teile zerfallen, die sehr langsam an ihre jetzige Position gewandert sind.

Vor **200 Millionen Jahren** gab es auf der Erde nur einen einzigen Kontinent.

Vor **135 Millionen Jahren** begannen die Kontinente sich voneinander zu entfernen.

Vor **65 Millionen Jahren** trennten sich Südamerika und Afrika.

Heute gibt es auf der Erde fünf Kontinente.

Sind Menschen schon bis zum Erdmittelpunkt vorgedrungen?
Nein, der Erdmittelpunkt liegt mehr als 6 000 km unter der Oberfläche. Das tiefste je gegrabene Loch für Erdölbohrungen reichte 12 km in die Tiefe.

Warum hat man nicht tiefer gegraben?
Ganz einfach: Weil es noch keine geeigneten Werkzeuge dafür gibt. Je tiefer man bohrt, desto heißer wird es. Die heutigen Werkzeuge halten diese Hitze nicht aus.

Welche Temperatur herrscht dort?
In den tiefsten Bergwerken in etwa 3 km Tiefe herrschen bereits 50–60° C. Bei 12 km erreicht man schon mehr als 100° C. Im Erdkern ist es etwa 6 000° C heiß.

Unter dem Meer

Der Meeresboden ist nicht flach, ganz im Gegenteil. Wie auf den Kontinenten gibt es Gebirge, Ebenen und sehr tiefe Täler.

Tiefseeebene
Der Meeresgrund zeigt mit Ebenen und Gebirgen eine ähnliche Oberflächenstruktur wie die Kontinente.

Einige **Unterwasservulkane** sind mehrere tausend Meter hoch. Ihre Spitzen ragen aus dem Wasser empor und bilden Inseln.

Ein **Tiefseetauchgerät** kann bis auf den Grund der Tiefseegräben hinabtauchen.

Am Rand der Kontinente

Die Kontinente enden nicht an der Meeresküste. Ein Teil der Kontinente liegt im Meer und bildet einen langen, sanft abfallenden Sockel, den man Kontinentalsockel nennt. Schließlich fällt er abrupt ab in die Tiefen des Ozeans, wie ein riesiger Felshang von mehreren tausend Metern Höhe. Am Fuß dieser Felsen flacht der Meeresboden stark ab: Hier liegt die Tiefseeebene.

Unterwassergebirge

Mitten im Meer liegen unter Wasser sehr lange Gebirgsketten, die Meeresrücken. Sie erstrecken sich über tausende von Kilometern und erreichen Höhen von 2000 m. Diese Gebirgsketten sind eigentlich Vulkane, die oft noch aktiv sind. Sie entstehen an den Stellen, wo sich die Platten der Erdkruste voneinander weg bewegen. Das Magma* schiebt sich in den Spalt zwischen diesen Platten und schafft Unterwasservulkane.

Ein **Meeresrücken** ist eine lange Kette von Vulkanen.

Unterwassergräben

Auf dem Grund der Ozeane befinden sich auch sehr tiefe Täler, die so genannten „Gräben". Sie können eine Tiefe von über 11 000 m erreichen! Wenn zwei Kontinentalplatten sich nähern und aneinander stoßen, schiebt sich eine der beiden langsam unter die andere. Genau an dieser Stelle bildet sich ein Tiefseegraben.

Kann man bis zum Meeresgrund hinabtauchen?

1960 tauchte ein bemanntes Tiefseetauchgerät, ein Bathyskaph, das erste Mal bis in eine Tiefe von 10916 m auf den Meeresboden. Heute gibt es kleine Tauchboote, die mehrere Stunden auf dem Meeresboden bleiben und sich dort fortbewegen können.

Wie leben die Menschen in diesen kleinen Tauchbooten?

Die Tauchboote sind winzig, die Personen müssen darin liegen und können sich kaum bewegen. Die Tauchgänge dauern daher nie länger als einige Stunden oder höchstens 2–3 Tage.

Was sieht man auf dem Meeresboden?

Nicht viel, denn es ist sehr dunkel. Man braucht unbedingt Scheinwerfer. Damit kann man zum Beispiel Vulkanausbrüche unter Wasser beobachten oder ein ganzes Reich an unbekannten Pflanzen und Tieren entdecken, die nur in der Nähe dieser Vulkane leben.

Vulkane

Von Zeit zu Zeit spucken manche Berge Asche, Lava*, Gas und Steine: Ein Vulkan bricht aus.

Vulkanausbruch

Direkt unter der Erdkruste liegt geschmolzenes Gestein, eine zähflüssige Masse, die man Magma* nennt. Es ist leichter als das feste Gestein der Erdkruste und versucht daher an die Oberfläche zu steigen, wie ein Korken, den man ins Wasser taucht. Das Magma nutzt die Spalten* der Erdkruste an den Bruchstellen der Kontinentalplatten und steigt nach oben. Wenn das Magma aus der Erdoberfläche quillt, nennt man das einen Vulkanausbruch.

Bei einem Vulkanausbruch wird das Magma* aus dem Erdinnern an die Oberfläche gedrückt. Beim Erkalten formt es einen meist kegelförmigen Berg, den man **Vulkan** nennt. Dieser kann mehrmals ausbrechen.

Das austretende Magma nennt man **Lava***.

Wenn das Magma eher flüssig ist, **fließt die Lava** aus mehreren **Schloten**, und es gibt keine Explosion. Diese Vulkane besitzen dann eine flache Form.

Bei einem **explosiven Ausbruch** erhebt sich eine giftige Gas- und Aschewolke über dem Vulkan, die für die Menschen in der Umgebung tödlich sein kann.

Verschiedene Vulkanformen

Das Magma hat nicht immer die gleiche Festigkeit. Sehr flüssige Lava enthält wenig Gas und fließt wie Sirup an den Seiten des Vulkans herunter. Es gibt keine Explosion. Diese Vulkanform ist eher ungefährlich, denn die Menschen haben Zeit vor den Lavaströmen zu fliehen. Bei einem explosiven Vulkanausbruch ist die Lava zähflüssig und enthält viel Gas. Bei diesen Ausbrüchen wird die Bevölkerung oft von Asche- und Gesteinsregen überrascht und hat keine Zeit mehr zu fliehen.

Warum brechen Vulkane mehrmals aus?
Das beim letzten Vulkanausbruch durch den Schlot nach oben gestiegene Magma erkaltet und erstarrt zu einem Pfropfen. Doch tief unter der Erde drängt das Magma weiter in die Spalten* des Vulkans und drückt auf den Pfropfen. Steigt der Druck zu stark an, knallt der Pfropfen wie ein Sektkorken heraus, und ein neuer Vulkanausbruch beginnt.

Wie können Vulkane erlöschen?
Nach und nach schließen sich die Risse und Spalten durch das erkaltende Magma. Auch in den Tiefen des Vulkans kühlt das Magma langsam ab. Der Vulkan erlischt.

Woher weiß man, dass ein Vulkan erloschen ist?
Das ist sehr schwierig zu sagen. Einige Vulkane brechen tausende von Jahren nicht aus und erwachen dann plötzlich zum Leben. Man kann nur annehmen, dass die Vulkane, die sich seit Millionen von Jahren still verhalten haben, erloschen sind.

Wenn die Erde bebt

Jeden Tag bebt die Erde irgendwo auf unserem Planeten. Erdbeben können für die Menschen sehr gefährlich sein.

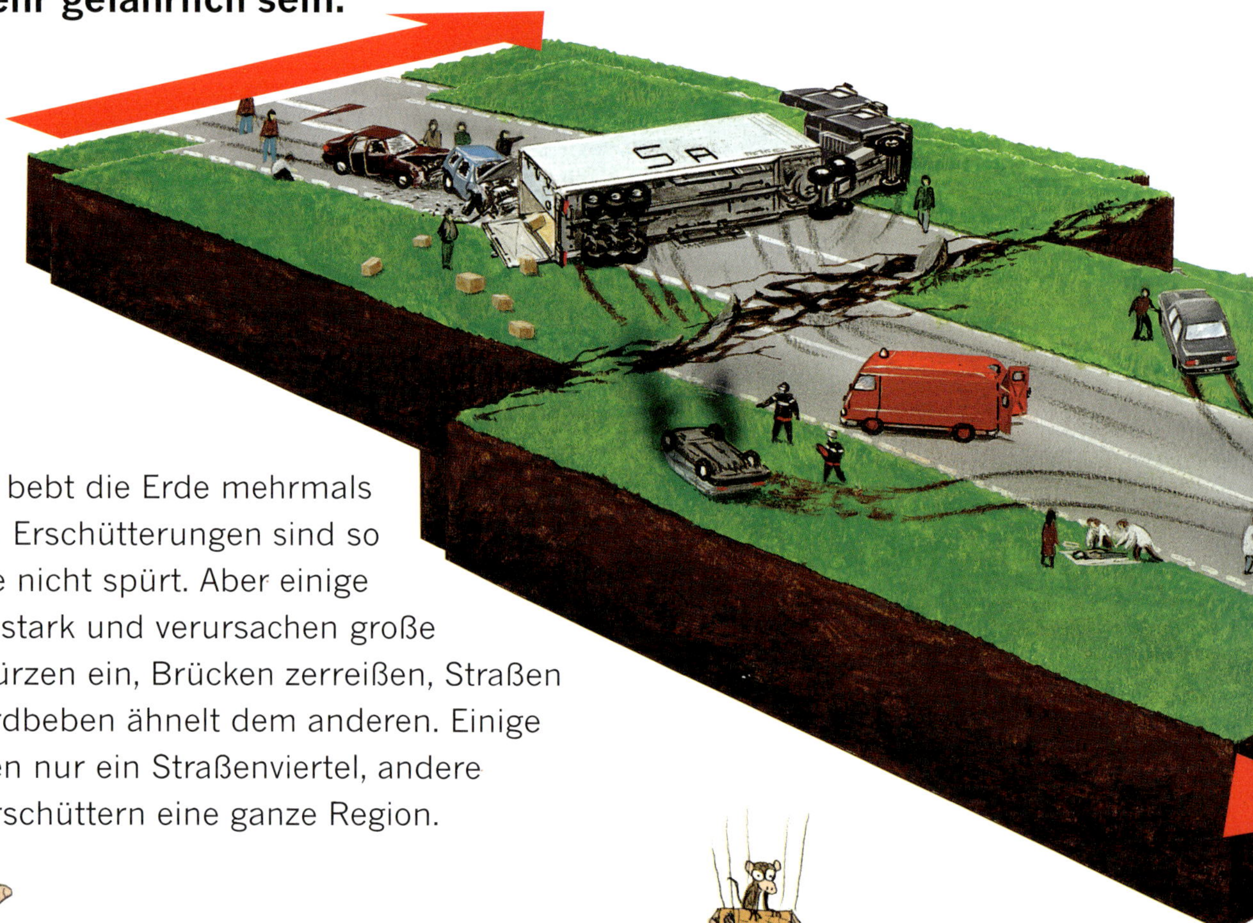

Achtung, Gefahr!

Überall auf der Welt bebt die Erde mehrmals am Tag. Die meisten Erschütterungen sind so gering, dass man sie nicht spürt. Aber einige Erdbeben sind sehr stark und verursachen große Schäden: Häuser stürzen ein, Brücken zerreißen, Straßen brechen auf. Kein Erdbeben ähnelt dem anderen. Einige betreffen nur ein Straßenviertel, andere erschüttern eine ganze Region.

Macht ein Erdbeben Krach?
Ja. Es erinnert an Donnergrollen, das mehrere Sekunden dauert. Je stärker das Erdbeben ist, desto lauter ist das Grollen.

Öffnen sich bei einem Erdbeben große Löcher im Boden?
Nein, es entstehen keine riesigen Löcher, in denen Häuser oder Menschen verschwinden. Bei einem Erdbeben können Spalten* auftreten, die aber nie sehr tief gehen.

Kann ein gefährliches Erdbeben überall auf der Welt vorkommen?
Nein, einige Regionen scheinen verschont zu bleiben. Hierbei handelt es sich um die großen Ebenen, wie die argentinische Pampa oder die Great Plains in Nordamerika.

Warum bebt die Erde?

Wenn sich die Platten der Erdkruste verschieben, lösen sie im Gestein starke Erschütterungen aus. Die Gesteinsschichten können diesen bis zu einem gewissen Grad widerstehen, aber irgendwann kommt es plötzlich zu Rissen und Brüchen, und die dadurch ausgelösten Schockwellen lassen die Erde über weite Strecken erzittern: Das ist ein Erdbeben.

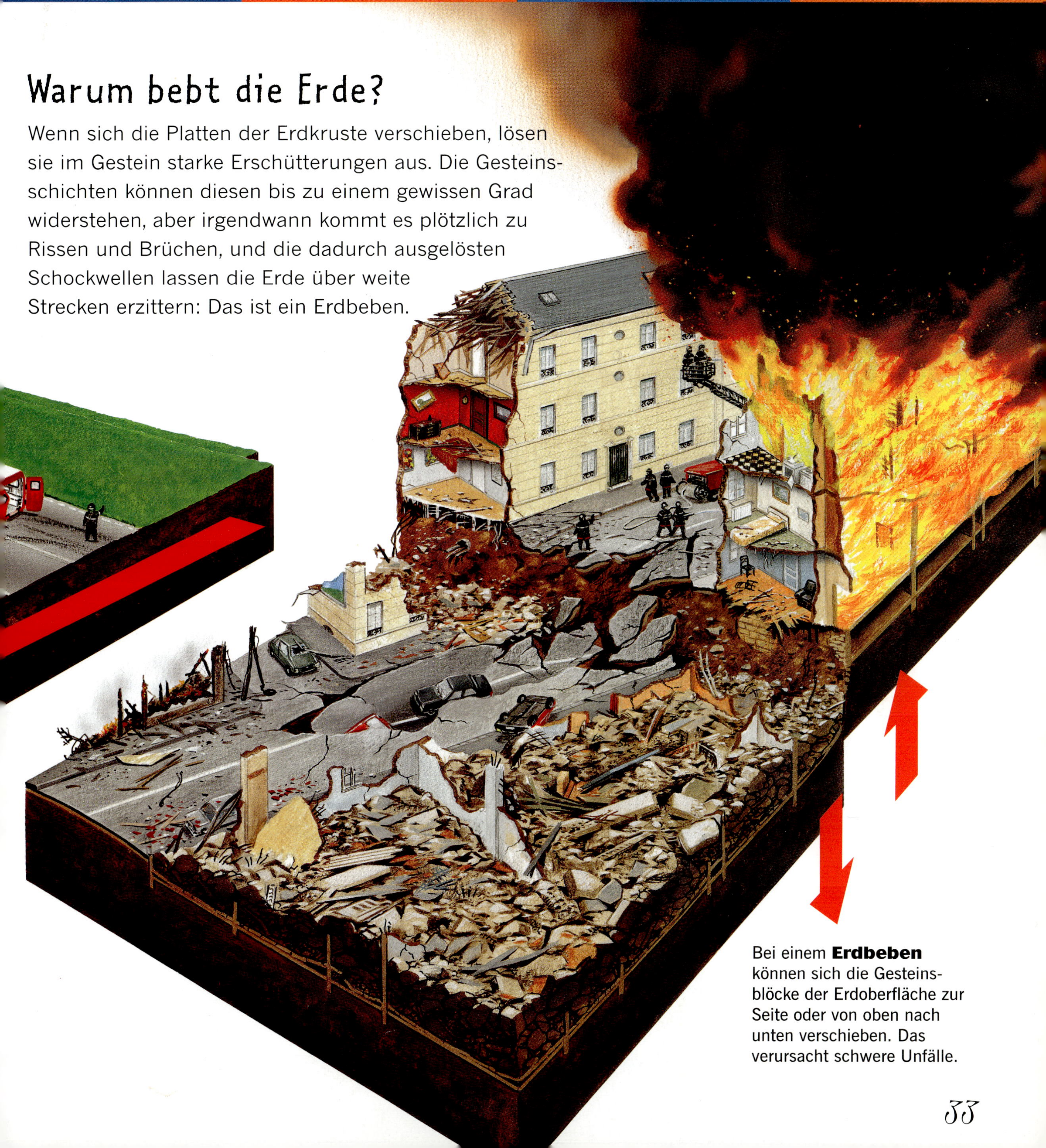

Bei einem **Erdbeben** können sich die Gesteinsblöcke der Erdoberfläche zur Seite oder von oben nach unten verschieben. Das verursacht schwere Unfälle.

Gefahren

Erdbeben und Vulkanausbrüche sind schwer vorauszusagen. Daher können sie in wenigen Sekunden ganze Städte zerstören.

Leben in der Gefahrenzone

Warum leben trotz der Gefahr so viele Menschen in der Nähe von Vulkanen oder in Gebieten, in denen ein hohes Erdbebenrisiko besteht? Am Fuße von Vulkanen ist das Land durch Asche und Lava, die sich über die Erde verteilt haben, oft sehr fruchtbar. Man kann es gut bewirtschaften. Und auch an küstennahen Gebieten, die leider oft von Erdbeben bedroht sind, leben viele Menschen. Sie wollen das milde Klima genießen und den Reichtum des Meeres nutzen.

In **Indonesien** sind die Vulkanhänge terrassenartig bepflanzt.

Schwierige Vorhersage

Manchmal gibt es Vorzeichen, die einen Vulkanausbruch ankündigen: Die Erde fängt an zu zittern, die Form eines Vulkankegels verändert sich, Rauch steigt aus dem Vulkan auf, und sogar Lava* kann aus den Nebenschloten austreten. In diesen Fällen kann man die Menschen rechtzeitig warnen und sie auffordern, ihre Häuser zu verlassen. Aber es ist immer noch sehr schwierig, alle Vulkanausbrüche vorherzusagen, und es ist unmöglich, ein Erdbeben vorherzusagen: Die Menschen werden bei der Arbeit oder im Schlaf überrascht und haben keine Zeit zu fliehen.

Ein **Seebeben** erzeugt eine Welle, die sich mit einer Geschwindigkeit von mehreren hundert Kilometern pro Stunde fortbewegt.

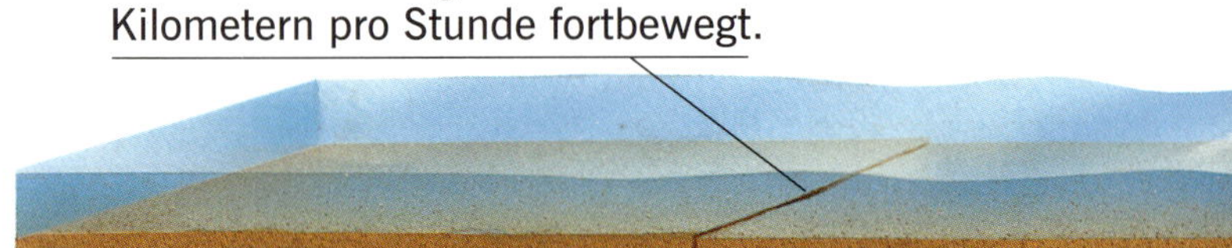

Tödliche Wellen

Auch im Meer bebt die Erde, und Vulkane brechen aus. Sie können gigantische Wellen auslösen, die den Ozean in rasender Geschwindigkeit durchqueren. Auf hoher See kann man sie nicht sehen, aber je näher sie der Küste kommen, umso höher türmen sie sich auf: Eine Flutwelle rollt heran.

Eine Flutwelle erinnert an eine wahre „Wasserwand", die auf ihrem Weg alles zerstört. Man nennt sie auch nach dem japanischen Namen **„Tsunami"**, denn sie treten häufig in Japan auf.

Wie weit kann eine Tsunami-Welle laufen?
Bei flacher Erdoberfläche kann sich die Welle über mehrere Kilometer ins Landesinnere bewegen. Gibt es Berge oder andere Hindernisse, wird sie gestoppt.

Wie lange dauert ein Tsunami?
Es dauert mehrere Minuten, bis die Welle sich aufgebaut hat und dann wieder zurückzieht. Sie hat so viel Kraft, dass sie alles auf ihrem Weg zerstört.

Treten Tsunamis häufig auf?
Nein. Seit dem Jahr 684 hat man etwa 170 Tsunamis gezählt, von denen 16 über 10 m und 5 mehr als 30 m hoch waren.

Mitten im Ozean **sieht man die Welle nicht**, denn das Wasser ist sehr tief.

Je näher die **Welle** den flacheren Küstengewässern kommt, desto größer wird sie und desto **höher** türmt sie sich auf.

Die Erde wird abgetragen

Wasser, Wind, Frost und Meer hinterlassen ihre Spuren auf der Erdoberfläche. Im Laufe der Zeit verändert die Einwirkung dieser natürlichen Elemente die Landschaft: Man nennt dies Erosion*.

Von Wasser geformt

Wasser ist das Element, welches die Erdoberfläche am stärksten formt. Es dringt in die Erde ein und gräbt Höhlen und unterirdische Flussläufe. Gefrierendes Wasser im Boden sprengt Felsen. Flüsse graben sich in die Landschaft, vor allem nach starken Regenfällen. Sie reißen Steine und Erde mit und transportieren sie langsam zum Meer. Auf diese Weise haben die Flüsse sich nach und nach die Täler geformt, auf deren Grund sie fließen. All diese Naturereignisse dauern sehr lange. Erst nach hunderttausenden von Jahren kann man die Auswirkungen der Erosion* auf die Landschaft beobachten.

Vor hunderttausenden von Jahren gab es an Stelle der heutigen **Hügel von Guilin** in China eine riesige Hochebene. Langsam wusch das Regenwasser Risse in den Boden, die sich zu tiefen Schluchten entwickelten. Heute sind nur noch diese hohen Felskegel übrig geblieben.

In der Wüste des *Arches National Park* im Westen Nordamerikas stehen diese merkwürdig geformten **Felsbögen**, die von Sandstürmen geschaffen wurden.

Windlöcher

Ein sehr starker Wind kann auch zerstörerisch wirken. Vor allem in trockenen Gebieten, wo der Wind große Mengen an Sand transportiert, peitscht er über die Felshänge und verändert ihre Form.

Vom Meer ausgehöhlt

Tag für Tag schlagen die Wellen an den Strand oder die Felsküste. Nach und nach höhlen sie die Felsen aus, und das überhängende Gestein bricht ab. An anderen Stellen schwemmen die Wellen den Sand weg, und der Strand wird kleiner. Manchmal spült das Meer aber auch Sand an, sodass ein schöner Strand entsteht.

An der **Felsküste von Etretat** in der Normandie brechen regelmäßig ganze Felsbrocken ab, die zuvor von den Wellen unterspült wurden.

Können Gebirge verschwinden?

Ja. Die ältesten Gebirge unseres Planeten, die vor mehr als einer Milliarde Jahre entstanden sind, kann man nicht mehr sehen, denn sie sind durch Erosion* vollkommen zerstört worden. Manchmal stehen noch einige kleine Hügel, die eines Tages ebenfalls verschwinden werden.

Was ist mit diesen Gebirgen geschehen?

Bei ihrer Entstehung waren sie genauso hoch wie die heutigen Gebirge. Aber Wasser, Wind, Frost und Regen haben ihr Gestein langsam abgetragen. Sie wurden in Sand verwandelt, in Kieselsteine oder Schlamm, die von den Flüssen in die Ebenen und zum Meer transportiert wurden. Dieses Schicksal steht allen Bergen bevor.

Wird der Erdboden eines Tages überall flach sein?

Dazu dürften die Bewegungen der Erdkruste keine neuen Gebirge hervorbringen. Sollte das geschehen, würden die Berge auf den Kontinenten nach und nach vollständig abgetragen werden und eine riesige Ebene bilden.

DIE ERDE IN AUFRUHR

Vulkane gibt es überall auf der Welt. Man zählt mehrere Tausend, doch nur 600 von ihnen sind aktiv, und etwa ein Dutzend raucht pausenlos.

Hawaii

ist eine Inselgruppe im Pazifik. Zu ihr gehören acht Hauptinseln, die alle aus Vulkanen entstanden und sehr bergig sind. Die größte Insel heißt ebenfalls Hawaii. Auf ihr befinden sich zwei der größten noch tätigen Vulkane der Welt: der Mauna Loa und der Kilauea.

El Chichon

heißt ein aktiver Vulkan in Mexiko. Der letzte Ausbruch fand im März und April 1982 statt. Sein Krater hat einen Durchmesser von mehr als einem Kilometer und ist mehrere hundert Meter tief.

Der Vesuv ist ein aktiver Vulkan in Süditalien. Im Jahr 79 n. Chr. begrub er die römischen Städte Pompeji und Herkulaneum vollständig unter Lava und Asche.

Der Mount Saint Helens liegt im Nordwesten der USA. Dieser aktive Vulkan erreicht eine Höhe von 2 549 m. Am 18. Mai 1980 brach er das letzte Mal aus.

Der Vulkan Mayon liegt auf einer Insel im Pazifik und ist der aktivste Vulkan der Philippinen. Sein letzter Ausbruch 1993 verwüstete mehrere Dörfer.

Stromboli ist eine italienische Insel im Tyrrhenischen Meer, die nördlich von Sizilien liegt. Die Insel wurde von einem aktiven Vulkan geformt. Sein Gipfel liegt 926 m hoch und spuckt ständig Rauchwolken.

Der Wind als Bildhauer

In Wüstenregionen bläst der Wind den Sand vor sich her und hat so merkwürdige und wunderschöne Landschaften geschaffen.

Monument Valley in Arizona im Westen der USA diente häufig als Kulisse für Western-Filme. Die Kalksteinsäulen* erreichen Höhen von 300–600 m.

In der **Sahara** haben Sand und Wind ungewöhnliche Felsformationen geschaffen.

Dieser Wald aus Felsspitzen steht im **Bryce Canyon** in Utah in den USA.

Die Landschaft im türkischen **Kappadokien** ist das Ergebnis von Millionen von Jahren Erosionsarbeit in Vulkangestein.

Die Kraft des Windes

Die Windstärke wird auf der Beaufort-Skala angegeben, die von 0 bis 12 Grad nummeriert ist.

Bei **Windstärke 3** bläst ein Wind 12 bis 19 km/h. Er bewegt Blätter und Äste.

Ein Wind der **Stärke 7** schafft 50 bis 61 km/h. Bäume werden geschüttelt, und beim Laufen muss man sich gegen den Wind stemmen.

Bei **Stärke 12** erreicht der Wind mehr als 118 km/h und verursacht sehr große Schäden: Er deckt Häuser ab und entwurzelt Bäume, wie beim Unwetter im Dezember 1999.

Wasser ist Leben

Menschen brauchen Wasser zum Leben. Wir müssen sorgsam damit umgehen.

Gletscher binden einen großen Teil des Wassers der Erde.

Der Wasserkreislauf

Das Regenwasser, das vom Himmel fällt, stammt aus den Ozeanen und kehrt auch wieder dorthin zurück. Es ist also immer das gleiche Wasser, das sich in einem ständigen Kreislauf befindet.

Das **Wasser verdunstet** hauptsächlich über dem Meer, denn 96 % des Wassers auf unserem Planeten findet sich in Meeren und Ozeanen.

Nur ein kleiner Teil des Regenwassers **fällt auf die Erde**. Der größte Teil fällt ins Meer.

Wasser verdunstet

Durch die Wärme der Sonne verdunstet Wasser aus Ozeanen, Seen und Flüssen. Es verwandelt sich in Wasserdampf und steigt hoch in die Luft. In der Atmosphäre befinden sich daher Millionen Tonnen unsichtbaren Wasserdampfs. Ab einer gewissen Menge kondensiert* der Dampf zu feinen Tröpfchen, die aber noch zu leicht sind, um herabzufallen. Sie ballen sich zu größeren Tropfen zusammen und bilden Wolken am Himmel.

Wasser fällt auf die Erde

Der Wind treibt die Wolken vom Meer Richtung Land. Sie bestehen aus winzigen Wassertröpfchen und sehr feinen Eiskristallen, die in der Luft hängen. Eiskristalle und Tröpfchen ballen sich weiter zusammen und bilden immer größere Tropfen. Werden diese Tropfen zu schwer, fallen sie auf die Erde: Es regnet.

Das Meerwasser verdunstet und bildet Wolken. Es fällt als Regen zurück auf die Erde und fließt dann wieder Richtung Meer. Dieser **Kreislauf** wiederholt sich ständig.

Das Wasser, das zurück auf die Erde fällt, verdunstet erneut oder fließt mit den Wasserläufen **wieder ins Meer**.

Wasser kehrt ins Meer zurück

Ein Teil des Wassers, der als Regen oder Schnee auf die Erde fällt, steigt als Wasserdampf gleich wieder in die Atmosphäre auf, vor allem bei warmem Wetter. Ein anderer Teil versickert im Boden oder speist direkt die Wasserläufe. Das Wasser kehrt in Form von Rinnsalen, Bächen und Flüssen zum Meer zurück.

Warum sieht man den Wasserdampf nicht?
Der in der Luft enthaltene Wasserdampf besteht aus so winzigen Tröpfchen, dass sie unsichtbar sind. Er ist ein Gas, genauso leicht und unsichtbar wie andere Gase.

Aber warum sieht man dann die Wolken?
Der Wasserdampf steigt in die Atmosphäre auf, wo es immer kälter wird. Der Dampf kondensiert* und ballt sich zu größeren Tropfen zusammen. Es entstehen festere Gebilde, die man „Wolken“ nennt. Sonnenstrahlen können sie nur schwer durchdringen, deshalb erscheinen Wolkenformationen am Himmel.

Was geschieht, wenn man eine Wolke mit dem Fallschirm durchfliegt?
Man hat den Eindruck, sich in einem sehr dichten Nebel zu befinden: Man sieht nichts, und es ist kalt und feucht.

Von der Quelle zum Meer

Die Wasserläufe speisen sich gegenseitig: Die kleinsten vereinigen sich mit den größten; Bäche ergießen sich in Flüsse, und die Flüsse fließen ins Meer.

Unter der Erde

Ein großer Teil der Niederschläge versickert im Boden. Das Wasser fließt unterirdisch weiter, bis es irgendwo wieder an der Oberfläche erscheint. Die Stelle, an der das Wasser aus der Erde austritt und ein kleiner Bach beginnt, nennt man „Quelle". Im Gebirge entwickeln sich diese Bäche oft zu Sturzbächen, denn bergab fließt das Wasser schneller.

Wie sieht eine Quelle aus?
Es gibt verschiedenste Arten. Einige erinnern an einen kleinen Springbrunnen oder einen dünnen Wasserstrahl. Manchmal ist die Austrittsstelle auch nicht genau zu erkennen. Aus einem kleinen Sumpfgebiet fließt plötzlich ein Bach.

Wie tritt das Wasser aus der Erde aus?
Im Boden kann man Öffnungen erkennen, die manchmal groß und manchmal winzig klein sind. Das Wasser tritt durch diese Öffnungen an die Oberfläche, selbst durch die kleinsten.

Warum versickert das Quellwasser nicht gleich wieder im Boden?
Weil Bach- und Flussbetten undurchlässig sind, etwa so wie eine Plastikwanne. Das Wasser kann also nicht im Boden versickern.

Flussquellen befinden sich oft im Gebirge, denn dort regnet und schneit es sehr viel.

Flüsse und Bäche

Rinnsale fließen nach und nach zu Bächen zusammen. Bäche vereinigen sich zu Flüssen, die sich wieder in einen noch größeren Strom ergießen. Diese münden irgendwann ins Meer.

Eine Flussmündung, die durch die Gezeiten trichterförmig erweitert wurde, nennt man einen **Ästuar***.

Ankunft im Meer

Flüsse ergießen sich auf zwei verschiedene Arten ins Meer. Ist die Kraft der Gezeiten und der Strömungen stark genug, um das vom Fluss mitgeführte Material weit hinauszutragen, entsteht ein Ästuar*. Kann das angeschwemmte Material nicht durch die Meeresströmung ins offene Meer hinaustransportiert werden, so lagert es sich an der Flussmündung an und formt ein Delta.

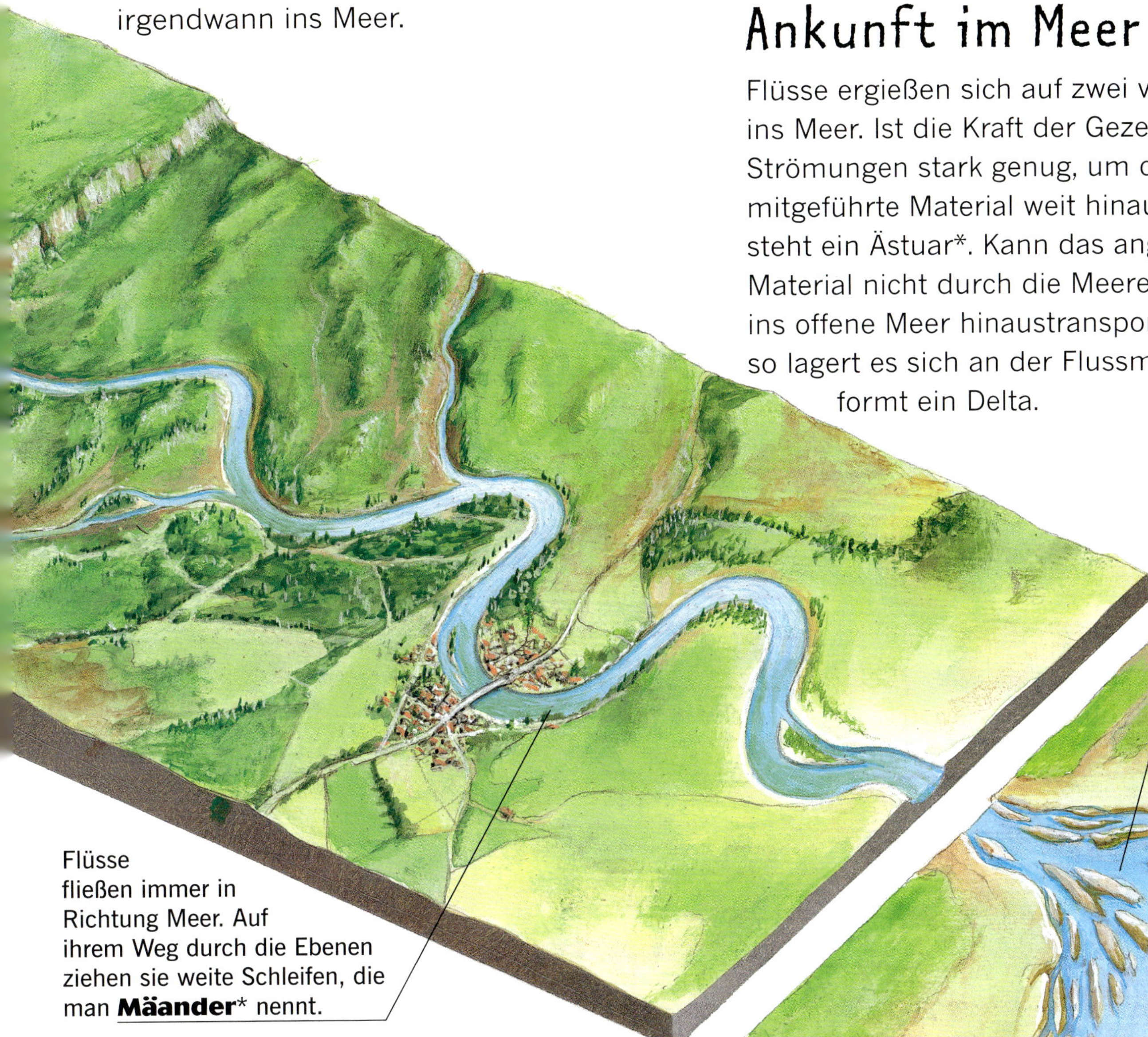

Flüsse fließen immer in Richtung Meer. Auf ihrem Weg durch die Ebenen ziehen sie weite Schleifen, die man **Mäander*** nennt.

Wenn ein Fluss sich in viele Arme verzweigt, bevor er das Meer erreicht, nennt man dies ein **Flussdelta**.

Unter der Erde

Wenn es regnet oder Schnee schmilzt, sickert ein Teil des Wassers in den Boden. In Kalkstein* kann das Wasser sich unterirdische Flüsse und Höhlen graben.

Das Wasser, das im Boden versickert, **sammelt sich unterirdisch** an und speist zum Beispiel Brunnen.

Versteckt im Boden

Versickerndes Wasser rieselt immer tiefer, bis es auf eine undurchlässige Gesteinsschicht trifft. Das Wasser sammelt sich, fließt unterirdisch weiter und tritt in Form einer Quelle wieder an die Oberfläche. Es kann aber auch tausende von Jahren eingeschlossen bleiben, wenn es keinen Weg nach draußen findet. Der Erdboden ist mit einem Schwamm vergleichbar: Auch einem nassen Schwamm sieht man nicht an, dass er voller Wasser steckt, und doch ist es da!

Unterirdische Flüsse

Wenn Regenwasser in Kalksteinboden* versickert, löst es einen Teil des Kalks und gräbt lange Gänge, in denen es weiterfließt. Nach und nach entstehen unterirdische Flüsse. Sie treten manchmal sehr weit entfernt von dem Ort, wo das Wasser vorher versickert ist, wieder aus der Erde.

Regenwasser enthält Kohlendioxid*. Wenn es in Kalkstein versickert, verursacht es dadurch kleine **Risse und Spalten**.

Mit der Zeit vergrößern sich die Risse, und es entstehen Löcher, schließlich sogar **Höhlen**.

Höhlen

In Kalksteingebieten gibt es oft wunderschöne Höhlen. Ursprünglich waren diese Grotten nur kleine Risse oder Spalten im Boden. Regenwasser drang in diese Risse ein und löste den Kalkstein auf. Die Risse vergrößerten sich zu Löchern, die schließlich zu Höhlen zusammenwuchsen. Im Innern der Höhlen sickert das stark kalkhaltige Wasser durch die Wände und fällt Tropfen für Tropfen auf den Boden. Der Kalk in den Tropfen verhärtet sich und bildet Ablagerungen, die sich zu Säulen formen.

Tropfsteine, die von der Decke herabwachsen, heißen **Stalaktiten***. Die vom Boden nach oben wachsenden Säulen heißen **talagmiten***.

Wie tief sickert Wasser in die Erde?
Wasser sickert so lange, bis es auf eine Felsschicht trifft, die es aufhält. Wasser findet man bis zu einer Tiefe von mehreren tausend Metern.

Erwärmt sich das Wasser, wenn es tief in die Erde dringt?
Ja. Je tiefer das Wasser in die Erde vordringt, desto wärmer wird es. Es kann sich sogar in Wasserdampf verwandeln, wenn es sehr tief sickert.

Was wird aus diesem heißen Wasser?
Manchmal bleibt es eingeschlossen und wird erst bei einem Vulkanausbruch wieder ausgespuckt. Aber es gibt auch heiße Wasserquellen. Diese Quellen sind sehr begehrt, denn ihr Wasser kann Hautkrankheiten und Atembeschwerden heilen.

Im ewigen Eis

Auf den Gipfeln der höchsten Berge und in sehr kalten Regionen schmilzt der Schnee nie. Er sammelt sich dort an und verwandelt sich langsam in Eis. Eis ist schwer, und so gleitet es Abhänge hinunter und bildet Eisströme, die man Gletscher nennt.

Gletscher an den Polen

Die Pole sind vollständig von Eis bedeckt. In der Antarktis erreichen die Gletscher eine Dicke von durchschnittlich 2 000 m. Manche sind sogar bis zu 4 000 m dick. Von ihrem eigenen Gewicht werden sie langsam Richtung Meer gezogen. Wenn sie mit dem Wasser in Berührung kommen, werden sie durch die Wellenbewegungen und die Meeresströmungen angegriffen. Das Eis bekommt Risse, und große Eisblöcke spalten sich ab: Das sind die Eisberge. Sie können dutzende Kilometer lang sein. Eisberge schwimmen und treiben aufs Meer hinaus.

Eisberge sind riesige Eisblöcke, deren größter Teil sich unter Wasser befindet. Sie stellen eine große Gefahr für Schiffe dar.

Gletscher in den Bergen bewegen sich sehr langsam, sie gleiten jeden Tag nur einige Millimeter abwärts.

Im Gebirge

Gletscher entstehen in großen Höhenlagen (in den Alpen ab 3 000 m). Sie bilden Eiszungen entlang der Abhänge. Während sie langsam ins Tal gleiten, nehmen sie Erde und Steine von den umliegenden Bergen mit. Diese Geröllmengen lagern sich als Moränen* an den Seiten der Gletscher ab. Wenn die Temperatur steigt, schmelzen die Gletscher teilweise. Daher führen Gebirgsbäche und -flüsse immer Wasser.

Süßwasserreserven

Drei Viertel des Süßwassers der Erde liegen in Form von Gletschern an den Polen oder im Gebirge. Die Menschen brauchen immer mehr Wasser zum Trinken, zum Waschen oder für die Landwirtschaft. Heute nutzt man diese Reserven noch nicht.

Wie könnte man das Wasser der Eisberge nutzen?
Vor etwa zwanzig Jahren hatten einige Wüstenländer die Idee, einen großen Eisberg aus der Antarktis zu brechen und übers Meer zu ziehen, um sein Wasser in den heißen Regionen der Erde nutzen zu können.

Warum hat man das nicht gemacht?
Wissenschaftler glaubten, dass so ein großer Eisberg unterwegs die Meerestemperatur sinken lassen würde und sich das Leben im Meer und vielleicht sogar das Klima verändern würden. Die Idee wurde deshalb nie verwirklicht.

Haben die Wüstenländer andere Möglichkeiten zur Wassergewinnung gefunden?
Einigen Ländern ist es gelungen, durch Entsalzung von Meerwasser Süßwasser zu gewinnen.

Sauberes Wasser

Jeder Mensch sollte mehr als zwei Liter Wasser am Tag trinken. Doch bevor das Wasser die Haushalte erreicht, durchläuft es einen langen Weg.

Wasser muss gereinigt werden

Das Wasser aus dem Hahn wurde aus Quellen, Flüssen oder dem Grundwasser gepumpt. Doch dieses Wasser ist noch nicht trinkbar. Es enthält winzige lebende Organismen, die Krankheiten verursachen können. Wasser muss daher in speziellen Anlagen gereinigt werden. Und nachdem es im Haushalt oder in Fabriken gebraucht worden ist, muss es noch einmal gereinigt werden, bevor es in die Flüsse zurückgeleitet werden kann.

1 Süßwasser wird aus einem Wasserlauf oder aus dem Grundwasser **heraufgepumpt**.

2 Das Wasser wird in einer **Wiederaufbereitungsanlage** gereinigt. Es wird gefiltert und von Mikroben befreit.

3 Nach dem Durchlauf durch die Anlage ist das Wasser **trinkbar**.

4 Trinkwasser wird in großen Tanks, den **Wassertürmen**, aufbewahrt.

5 Wasser wird zu den Verbrauchern durch **unterirdische Röhren** transportiert. Diese versorgen alle Wasserhähne in den Häusern.

Sauberes Wasser für alle?

Arme Länder haben oft nicht genug Geld, das Wasser auf teure Weise zu reinigen. Die Abwässer werden direkt in die Flüsse geleitet und vermischen sich mit dem Wasser, das wieder von Menschen genutzt wird. Wenn sie das schmutzige Wasser trinken, können die Bewohner dieser Länder schwere Krankheiten bekommen.

6 Auf der Toilette oder beim Waschen verschmutzen wir Wasser. Durch den Abfluss wird das **schmutzige Wasser** abtransportiert.

7 Die **Kanalisation** nimmt die Abwässer aus Haushalten und Fabriken auf.

8 Die Abwässer werden in einem **Klärwerk** gereinigt.

9 Das saubere Wasser wird zurück in die **Flüsse** geleitet.

Ist ein Wasserturm randvoll mit Wasser?
Nein, nur der obere Teil eines Wasserturms ist mit Wasser gefüllt. Er ruht auf einer Betonsäule, in der sich die Rohre für den Transport und eine Treppe für die Wartungsarbeiten befinden.

Wozu dient ein Wasserturm?
In einem Wasserturm kann man Trinkwasser auf Vorrat aufbewahren. Er versorgt alle Häuser und Wohnungen mit Wasser, selbst die höheren Stockwerke.

Wie kann ein Wasserturm die Häuser mit Wasser versorgen?
Ein Wasserturm muss höher liegen als die Wohnungen, zum Beispiel auf einem Berg. Das Wasser fließt durch Rohre in die Haushalte.

Wasser ist kostbar

Die Menschen brauchen immer mehr Wasser. Doch in vielen Gebieten der Erde regnet es nicht genug. Süßwasser wird knapp und ist außerdem oft verschmutzt.

In der Landwirtschaft werden **Düngemittel** eingesetzt, die Grundwasser und Flüsse verschmutzen.

Wasser zum Leben

Die Zahl der Erdbewohner vergrößert sich ständig. Daher wird auch immer mehr Wasser zum Trinken, Waschen und für die Landwirtschaft gebraucht. Doch das zur Verfügung stehende Wasser ist begrenzt. Außerdem ist das Wasser auf unserem Planeten ungleichmäßig verteilt. In einigen Gebieten regnet es fast täglich, in anderen nur sehr selten. Heute hat die Hälfte der Erdbevölkerung zu wenig Trinkwasser.

In trockenen Ländern müssen die Menschen, meist die Frauen, jeden Tag **Wege von mehreren Stunden** zurücklegen, um an den weit verstreuten Brunnen Wasser zu holen.

? Kann Wasser aus dem Hahn verschmutzt sein?

Eigentlich nicht, denn das Wasser aus dem Hahn ist vorher von Verunreinigungen befreit worden. Doch einige Schadstoffe, wie zum Beispiel Reste von Düngemittel aus der Landwirtschaft, sind schwer zu entfernen.

Kann man verschmutztes Wasser schmecken?

Verschmutztes Wasser hat meist keinen besonderen Geschmack. Es ist daher schwierig zu sagen, ob Wasser aus dem Hahn Schadstoffe enthält oder nicht. Jeden Tag prüfen Spezialisten die Wasserqualität. Sollte es zum Trinken nicht geeignet sein, würde die Bevölkerung gewarnt werden.

Warum schmeckt Wasser aus dem Hahn manchmal nach Schwimmbad?

Manchmal schmeckt Trinkwasser ein wenig nach Chlor. Es wird zugesetzt, um das Wasser trinkbar zu machen. Chlor tötet gesundheitsgefährdende Keime ab.

Fabriken leiten ihre Abwässer ins Meer und in die Flüsse.

Schadstoffe in der Luft verschmutzen das Regenwasser. Dieser **saure Regen** vergiftet die Bäume.

Wasserverschmutzung

Überall auf der Welt wird das Wasser der Flüsse verschmutzt: Industrie und Landwirtschaft und auch wir selbst benutzen Produkte, die zurück ins Wasser gelangen und gefährlich für die Natur und die Gesundheit der Menschen sind. Außerdem werden jedes Jahr Milliarden Tonnen an Abfällen ins Meer geleitet.

Was tun?

Was kann man tun, wenn immer mehr Wasser gebraucht wird und gleichzeitig ein großer Teil des zur Verfügung stehenden Wassers verschmutzt ist? In trockenen Ländern werden tiefe Brunnen gegraben und Staudämme errichtet, um das Wasser zu bewahren. Doch diese Maßnahmen sind sehr teuer.
In anderen Ländern versucht man Wasser zu sparen und kämpft gegen Verschwendung und Umweltverschmutzung. Doch all das reicht nicht aus.

Oase von Umm el Ma in Libyen. Dank der Wasserstellen können hier Pflanzen, meist Palmen, wachsen.

Oasen

In der Wüste regnet es nur selten, und dann versickert das Wasser sofort im Sand. Doch manchmal trifft man auf eine Oase. Sie entsteht dort, wo Grundwasser in Form einer Quelle oder eines Brunnens an die Oberfläche tritt. Dieses Wasser ermöglicht Leben.

Oase von Kufra in der Sahara. Das Wasser unter der Oberfläche erlaubt es den Bauern, Ackerbau zu betreiben.

Der **A 24** ist einer der größten Eisberge der Welt. Er befindet sich in der Antarktis.

KÖNIGREICH

In den kältesten Regionen der Erde sind die Berge ständig von Gletschern bedeckt. An den Polen zerbricht das Eis in riesige Blöcke: die Eisberge. In der Arktis besitzen die Eisberge Pyramidenform; in der Antarktis sind sie etwas abgeflacht.

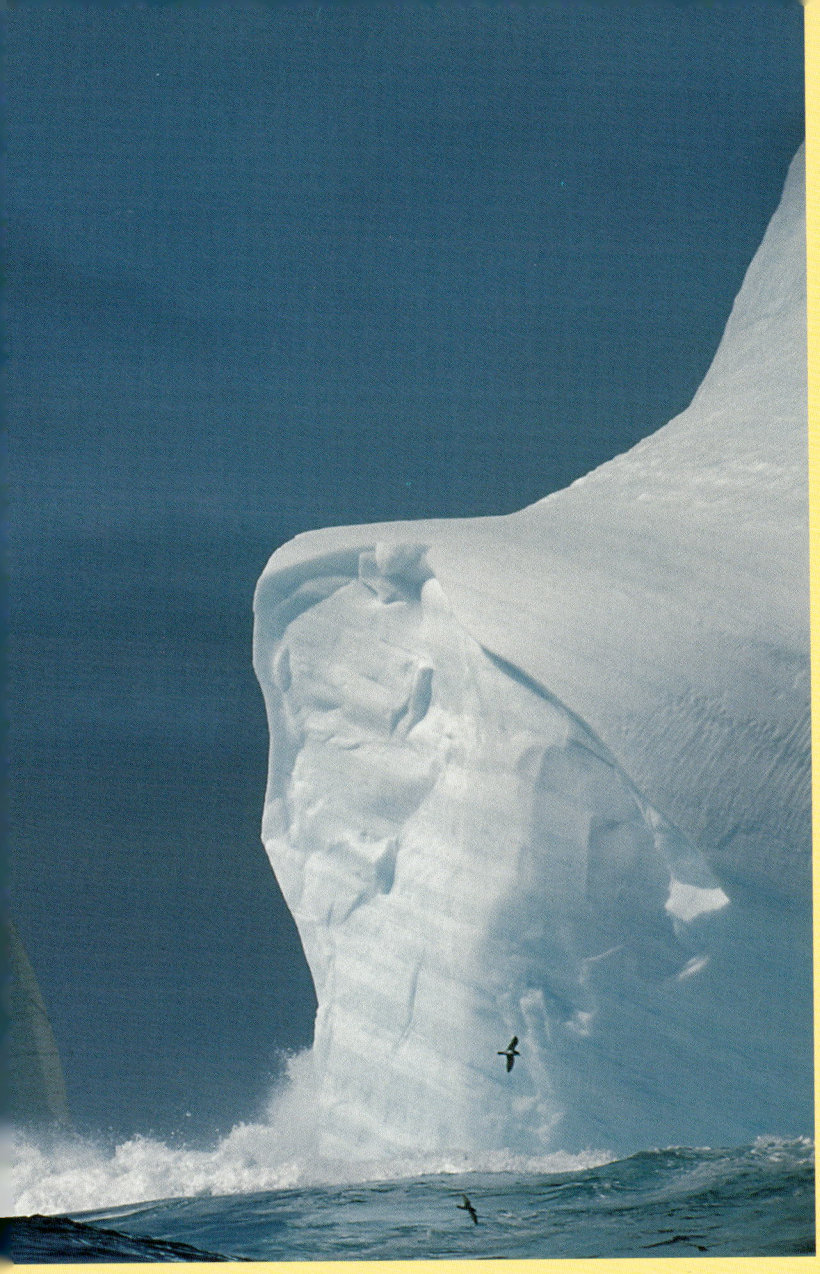

AUS EIS

Hundeschlitten in **Alaska**

Der **Perito Moreno** ist einer der eindrucksvollsten Gletscher Patagoniens in Argentinien. Er erstreckt sich über 30 km Länge. Patagonien wird von Norden nach Süden von drei großen Gletschern entlang der Anden durchzogen.

Wasserfälle

Im Grenzgebiet von Brasilien, Argentinien und Paraguay fällt der Rio Iguaço nach einem verschlungenen Lauf durch den tropischen Regenwald steil ab. Hinter dem Wasserfall sammelt sich das Wasser in einer riesigen Höhle. Die **Fälle von Iguaço** sind weniger für ihre Höhe als für ihre Ausdehnung berühmt: Sie erstrecken sich über 3 km Länge.

Gebrauchsanweisung Wasserkreislauf

Um besser zu verstehen, wie der Wasserkreislauf funktioniert, kannst du selbst einige kleine Versuche durchführen.

1. Verdunstung

Stelle eine mit Wasser gefüllte Untertasse auf einen Heizkörper. Drehe die Heizung an (benutze auf keinen Fall einen elektrischen Heizkörper!). Am nächsten Morgen wird ein Teil des Wassers verdunstet sein.

2. Kondensation*

Bringe Wasser in einem Kochtopf zum Kochen. Halte eine Glasscheibe oder einen Spiegel in einigem Abstand über den Topf. Pass auf, dass du dich nicht verbrühst! Zunächst bildet sich Dampf, dann kleine Tropfen, die als Regen in den Topf zurückfallen.

3. Versickern

Fülle Sand auf den Boden eines Aquariums oder eines anderen Gefäßes. Begieße ihn mit Wasser und bohre dann ein Loch in den Sand. Du wirst auf seinem Grund Wasser entdecken.

Klima

Es gibt verschiedene Klimazonen auf der Erde.

Das Klima der Erde erwärmt sich wegen der Umweltverschmutzung.

Ein Wirbelsturm zerstört alles auf seinem Weg.

Sonne und Wasser

Mit Klima wird das Wetter bezeichnet, das in einer bestimmten Region während eines Jahres vorherrscht. Es wird vor allem durch Temperatur, Regen und Wind bestimmt.

Die Sonne erwärmt die Erde

Das auf der Erde herrschende Wetter entsteht in der Atmosphäre. Diese Lufthülle umgibt die Erde und erfüllt zwei wichtige Aufgaben: Auf der einen Seite hält sie die stärksten Sonnenstrahlen ab und schützt so die Erde vor zu großer Hitze. Auf der anderen Seite bewahrt sie uns vor eisiger Kälte, denn sie hält die Sonnenwärme in der Nähe der Erdoberfläche. Dieses Phänomen nennt man Treibhauseffekt. Dank der Atmosphäre herrscht auf der Erde eine mittlere Temperatur, die das Leben für Pflanzen, Tiere und Menschen ermöglicht.

Die Rolle des Wassers
Die Menge an Wasser, die auf die einzelnen Regionen der Erde in Form von Regen oder Schnee fällt, bestimmt, ob das Klima dort feucht oder trocken ist. In einem **warmen**, **feuchten Klima** entwickelt sich eine Vielzahl unterschiedlicher Pflanzen.

? **Woher hat der „Treibhauseffekt“ seinen Namen?**
In einem Treibhaus lassen die großen Glasfenster die Sonnenstrahlen hinein, aber die Wärme nicht mehr hinaus. Im Innern eines Treibhauses ist es deshalb sehr viel wärmer als draußen. Die Gase der Atmosphäre haben eine ähnliche Wirkung. Deshalb spricht man vom „Treibhauseffekt“.

Einfluss des Meeres
Das Meer hat einen großen Einfluss auf das Klima. An den Meeresküsten ist das Wetter oft **milder** als im Landesinnern: Die Winter sind nicht so kalt, und die Sommer nicht so heiß. Das Wasser, das über dem Meer verdunstet, sorgt auch für eine **höhere Luftfeuchtigkeit**.

Einfluss der Höhe
In den Bergen ist es im Tal wärmer als auf dem Gipfel. Menschen, Tiere und Pflanzen können nur schwer in großer Höhe leben, denn es ist dort **sehr kalt**, und die Luft enthält weniger Sauerstoff zum Atmen.

Warum wird es nicht viel zu heiß auf der Erde?

Weil die Atmosphäre einen Teil der Hitze in den Weltraum abgibt. Die entweichende Wärme und die eintretende Wärme durch die Sonnenstrahlen stehen im Gleichgewicht. Daher bleibt die Temperatur in etwa gleich.

Welche Temperatur würde auf der Erde herrschen, wenn diese keine Atmosphäre besäße?
Wir hätten ungefähr die gleichen Temperaturen wie auf dem Mond: bis + 100° C tagsüber und bis – 150 ° C in der Nacht. Im Gegensatz zur Erde besitzt der Mond keine Atmosphäre.

Von heiß nach kalt
Die Erde wird von der Sonne nicht überall gleichmäßig erwärmt. Am **Äquator*** treffen die Sonnenstrahlen senkrecht auf die Erde. Deshalb ist es dort sehr warm. An den **Polen** erreichen die Sonnenstrahlen die Erde nur noch fast waagerecht, und es ist sehr kalt.

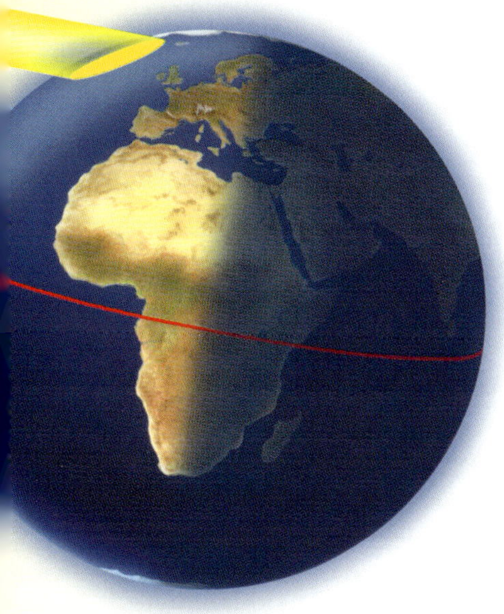

Heiß und kalt

Vom Äquator* bis zu den Polen folgen verschiedene Klimazonen aufeinander: von heiß und feucht bis kalt und trocken. Dazwischen unterbrechen manchmal Gebirge oder Wüsten diese Abfolge.

Tropisches Klima am Äquator*

In Äquatornähe ist es **sehr heiß**, und es **regnet** das ganze Jahr über **sehr viel**. Der Wald besitzt ein dichtes Blätterdach aus unterschiedlich hohen Bäumen. In Richtung der Wendekreise* gelangt man in heiße, trockene Gebiete mit deutlich weniger Pflanzenreichtum.

Im Winter **Im Sommer**

Polares Klima

In der Nähe von Nord- und Südpol herrschen **eisige Winter**, und auch im kurzen Sommer steigt die Temperatur nur manchmal über 0° C. Die Luft ist so trocken, dass es nur selten schneit. Heftige Winde fegen über die gefrorene Oberfläche.

Was ist eine Oase?
Das ist eine Stelle in der Wüste, wo es Wasser gibt. Dank des Wassers können dort Menschen leben und Pflanzen wachsen.

Wie kann es in der Wüste Wasser geben, wenn es nie regnet?
Weil sich sehr tief in der Erde Grundwasser befindet.

Woher kommt dieses Wasser?
Vor tausenden von Jahren war die Wüste noch keine Wüste. Es regnete, und Flüsse durchzogen das Land. Daher hat sich in einigen Wüsten tief in der Erde noch Wasser angesammelt.

Im Winter **Im Sommer**

Gemäßigtes Klima

Zwischen dem heißen Klima der Tropen und dem kalten Klima der Polargebiete liegt die gemäßigte Klimazone. Hier gibt es **vier Jahreszeiten**. In der gemäßigten Zone trifft die kalte Luft von den Polen auf die heiße Luft der Wendekreise*. Im Winter herrscht Polarluft vor, deshalb ist es kalt. Im Sommer strömt heiße Luft in diese Gebiete und erwärmt sie.

Wüstenklima

In den Wüstengebieten der Erde **regnet es fast nie**. Der Himmel wird nur selten von Wolken verdüstert. In einigen Wüsten ist es sehr heiß, in anderen dagegen sehr kalt.

Im Winter **Im Sommer**

Gebirgsklima

Je höher man im Gebirge steigt, desto kälter wird es. Die höchsten Gipfel bleiben **das ganze Jahr über** von Schnee und Eis bedeckt. In den Bergregionen der warmen Länder sinken die Temperaturen in höheren Lagen nicht so schnell wie in den Gebirgen der gemäßigten Länder.

Wolken, Wind und Regen

Wenn man das Wetter eines ganzen Tages beschreiben will, muss man den Himmel nach Wolken absuchen, ihre Form betrachten, angeben, ob es regnet oder schneit und die Stärke des Windes messen.

Wind kommt auf

Die Luft um uns herum ist immer in Bewegung. Sie steigt auf und wieder ab, treibt erst hierhin und dann dorthin. Einige dieser so genannten Winde sind sanft und langsam, andere stark und schnell. Die ungleichmäßige Erwärmung der Atmosphäre vom Äquator* bis zu den Polen* ist die Hauptursache für die Entstehung der Winde. Je heißer die Luft, desto leichter ist sie und desto höher steigt sie hinauf. Damit entsteht in den unteren Schichten eine Leere, in die die umgebende kühlere Luft eindringt.

Weiße **Zirruswolken** stehen sehr hoch am Himmel. Sie erinnern an dünne Fäden und sind kein Anzeichen für Regen.

Zirrostratuswolken bilden sehr hoch am Himmel einen feinen weißen Schleier.

Zirrokumuluswolken kündigen unbeständiges Wetter an.

Die aufgeplusterten Schäfchenwolken heißen **Altokumuluswolken**.

Altostratuswolken sind grau und dicht. Sie verdunkeln den Himmel und kündigen Regen an.

Kumuluswolken erinnern an dicke Wattebäusche. Sie können Schauer mitbringen.

Stratokumuluswolken bilden dicke Walzen und sind oft Schlechtwetterboten.

Stratuswolken sind die tiefsten Wolken. Sie sorgen für graues, feuchtes Wetter und verursachen manchmal Nebel.

Wolken am Himmel

Wolken bestehen aus Milliarden feinster Wassertröpfchen oder winziger Eiskristalle. Es gibt mehrere Wolkentypen, die sich durch Form und die Höhe, in der sie auftreten, unterscheiden. Einige Wolken sind flach und enthalten wenig Wasser. Sie gehören zur Familie der Stratuswolken. Andere sind bauschig und enthalten viel Wasser. Sie gehören zur Familie der Kumuluswolken.

Kumulonimbuswolken sind riesige Gewitterwolken. Hier werden Blitze und starke Regen- oder Hagelfälle erzeugt.

Wenn es regnet

Regen entsteht in den Wolken, hauptsächlich in den Kumulonimbus- und Nimbostratuswolken. Nimbostratuswolken sind dicke dunkle und sehr dichte Wolken aus der Stratus-Familie. Wolken mit viel Wasser verursachen plötzliche, heftige Regenfälle, die so genannten Schauer. Aus Wolken mit wenig Wasser regnet es leicht und dauerhaft. Bei kälteren Temperaturen schmelzen die Eiskristalle im Innern der Wolken auf ihrem Weg zur Erde nicht mehr: Es schneit.

Die meisten **Blitze** werden in Kumulonimbuswolken erzeugt.

Wie wird die Windstärke gemessen?
Man gibt die Stärke eines Windes mit seiner Geschwindigkeit an. Dafür benutzt man einen Anemometer, eine Art kleine Windmühle, die sich im Wind dreht: Man misst die Geschwindigkeit, mit der sie sich dreht.

Kann der Wind Menschen umwerfen?
Bläst der Wind wirklich sehr stark, wie bei einem Orkan, kann er einen Menschen umwerfen. Er kann sogar Bäume ausreißen, Dächer abdecken und Autos umkippen.

Kann der Wind uns einfach wegwehen?
Ein Wind, der als Tornado schneller als 200 km/h weht, erzeugt einen Strudel, der alles auf seinem Weg mitreißt. Er kann Menschen und sogar Autos hochwirbeln.

Wettervorhersage

Die Meteorologen* beobachten und studieren die Ereignisse in der Atmosphäre, um das Wetter vorhersagen zu können. In den gemäßigten Zonen verändern sich die Verhältnisse in der Atmosphäre am häufigsten.

Warum verändert sich das Wetter?

Die Luft auf unserem Planeten besitzt nicht überall die gleiche Temperatur. An den Polen ist sie sehr kalt und am Äquator sehr heiß. Da heiße Luft leichter ist als kalte, steigt sie in die Höhe. Kalte Luft setzt sich nun in Bewegung, um die warme Luft unten zu ersetzen. Auf diese Weise sind die riesigen Luftmassen, die unseren Planeten umgeben, immer in Bewegung. Warme Luftmassen schieben sich in Richtung der Pole, und kalte Luftmassen wandern in Richtung der Wendekreise*.

Luftschichten treffen aufeinander

Wenn warme und kalte Luftmassen aufeinander treffen, vermischen sie sich nicht. Die schwerere kalte Luft hebt die leichtere warme Luft an. In der Höhe kühlt sich die warme Luft ab und bildet Wolken. Dieses Phänomen nennt man Tiefdruckgebiet. Die Wolken machen sich auf die Wanderschaft und bringen Regen oder Schnee in die betroffenen Gebiete.

Tiefdruckgebiete über Europa
In der gemäßigten Zone, in der Europa liegt, treffen sich die warmen Luftmassen, die vom Äquator herübertreiben, und die kalten Luftmassen aus den Polargebieten. Die leichtere Warmluft strömt über der Kaltluft nach oben. In den unteren Schichten fließt Luft nach und zwar auf der Nordhalbkugel gegen den Uhrzeigersinn: Hier entsteht ein **Tiefdruckgebiet**.

Das Barometer

Die Luft über dem Erdboden ist mehr oder weniger dicht. Ihr Gewicht übt Druck aus, den so genannten Luftdruck. Er wird mit einem Barometer gemessen und in Hektopascal angegeben. Sinkt der Luftdruck, ist ein Tiefdruckgebiet im Anmarsch. Ein Ansteigen des Luftdrucks kündigt meistens schönes Wetter an.

? Wie kann man das Wetter vorhersagen?
Überall in der Welt messen Wetterstationen den ganzen Tag und die ganze Nacht lang Temperatur, Luftdruck, Luftfeuchtigkeit und Windstärke. Diese Zahlen werden an Meteorologen* weitergeleitet, die mit Hilfe von Computern das Wetter für die nächsten Tage vorhersagen.

Warum treffen die Vorhersagen nicht immer ein?
Es ist sehr schwierig, das Wetter vorherzusagen. Es fehlen zum Beispiel die Messdaten für die riesigen Meeresgebiete. Aber dank der Satellitenbilder* irren sich die Meteorologen selten bei ihren Vorhersagen.

Wird man eines Tages das Wetter eines ganzen Jahres vorhersagen können?
Das erscheint sehr schwierig. Man müsste alle Wetterereignisse durch und durch verstanden haben, denn sogar das Wetter auf der anderen Seite der Erde beeinflusst noch das Wetter bei uns.

Katastrophen

Stürme, Zyklone, Überschwemmungen und Dürrezeiten erinnern die Menschen immer wieder daran, dass die Natur auch gefährlich sein kann.

Dürre

Wenn es viele Monate lang nicht regnet, sinkt der Wasserstand in den Flüssen. Manchmal trocknen sie auch ganz aus. Die Erde bekommt Risse. Die Ernte wird von der Sonne verbrannt und ist verloren. Weil die armen Länder oft keine ausreichenden Trinkwasservorräte besitzen, stirbt das Vieh, und es droht eine Hungersnot.

Überschwemmungen

Wenn es Tag für Tag regnet oder ein starkes Gewitter mit heftigen Regenfällen niedergeht, können Flüsse über die Ufer treten und die Umgebung überschwemmen. Überschwemmungen sind oft tödliche Katastrophen, denn sie sind schwierig vorherzusehen, und an den Flussufern leben viele Menschen.

Im Dezember 1999 fegte ein gewaltiges Unwetter über Deutschland und Nordeuropa hinweg. Tausende von Bäumen wurden **entwurzelt** oder zerstört.

Stürme und Zyklone

Von Zeit zu Zeit tobt der Wind los. Wenn seine Geschwindigkeit mehr als 80 km/h erreicht, spricht man von einem Sturm. In wärmeren Gebieten können sie mehr als 200 km/h erreichen. Diese großen Wirbelstürme werden Zyklone genannt und von heftigen Regenfällen begleitet. Sie richten enorme Schäden an: Dächer fliegen davon, die Stromversorgung bricht zusammen, Anbauflächen werden zerstört. In den gemäßigten Zonen sind diese gewaltigen Wirbelstürme sehr viel seltener.

Kann man einen Zyklon vorhersagen?
Ein Zyklon ist ein tropischer Wirbelsturm, der meist gegen Ende des Sommers über dem Meer entsteht. Die Wettersatelliten* entdecken ihn, sobald er sich gebildet hat, und können ohne große Irrtümer seinen Weg und seine Entwicklung vorhersagen.

Kann ein Zyklon die Richtung ändern?
Zyklone treten immer zur gleichen Zeit des Jahres auf und folgen häufig dem gleichen Weg. Doch sie können auch plötzlich ihre Richtung ändern oder sich vergrößern. Sie werden daher sorgfältig überwacht, um die Bevölkerung sofort warnen zu können.

Wie kann man sich vor Wirbelstürmen schützen?
Man sollte sein Haus sehr stabil bauen oder sich in den Keller flüchten. Doch die sicherste Lösung ist immer noch die Flucht aus der Gefahrenzone, die der Zyklon durchquert.

Die Erde muss geschützt werden

Das Klima der Erde beginnt sich zu erwärmen. Dafür sind die Menschen mit ihrer Umweltverschmutzung verantwortlich.

Auf der Erde wird es wärmer

Im 20. Jahrhundert sind die durchschnittlichen Temperaturen regelmäßig gestiegen. Sie waren in der Geschichte noch nie so hoch wie in den letzten zehn Jahren. Die Gase, vor allem Kohlendioxid*, die von Fabriken, Heizungen und Autos in die Atmosphäre gelangen, verstärken den natürlichen Treibhauseffekt, da sie die Wärmeabgabe in den Weltraum immer mehr behindern. Dadurch erwärmt sich das Klima in allen Regionen der Erde ständig weiter: Die Gletscher an den Polen und im Gebirge beginnen zu schmelzen, und der Meeresspiegel steigt.

Was wird geschehen?

Wenn die Temperatur weiter steigt, werden Inseln und ganze Küstenländer im Wasser versinken. Es wird keinen Schnee im Gebirge mehr geben. Die Wüsten werden sich vergrößern. Und Klimakatastrophen werden sich häufen: Überschwemmungen, Dürreperioden, Stürme ...

Bei der Verbrennung von Erdöl, Kohle oder Gas geben **Fabriken** zu viel Kohlendioxid* in die Atmosphäre ab.

Die Zukunft der Erde liegt in den Händen der Menschen. Wir wissen nun, dass unser Planet in Gefahr ist. Doch es ist der einzige Platz im Universum, wo wir leben können.

Lösungen?

Wir können etwas gegen die Klimaerwärmung tun, doch dazu müssten wir unser Leben umstellen: Heizung und Licht sparsamer gebrauchen, öffentliche Verkehrsmittel bevorzugen, mehr Dinge mit der Bahn als mit Lastwagen transportieren ... Gemeinsame Maßnahmen müssen getroffen werden, aber auch viele kleine Schritte können dazu beitragen, die Produktion von Kohlendioxid* zu verringern: So wenig wie möglich das Auto benutzen und lieber Fahrrad fahren, Energiesparlampen wählen, elektrische Geräte nach Gebrauch ausschalten ...

Die Entwicklung des **Straßenverkehrs** mit Lastwagen, Autos und Motorrädern ist einer der Hauptgründe für den Anstieg der Temperaturen.

Werden alle Gletscher schmelzen?
Gletscher und ewiges Eis beginnen fast überall auf der Erde zu schmelzen: an den Polen, in den Alpen, in den Anden und sogar im Himalaya ... In Afrika ist der Schnee auf dem Kilimandscharo bereits um ein Drittel zurückgegangen, und es besteht die Gefahr, dass er in den nächsten Jahren vollständig verschwindet.

Steht das schon fest?
Nein, einige Wissenschaftler glauben, dass es bei höheren Temperaturen auch mehr Verdunstung geben wird und damit auch mehr Schneefälle auf den Gletschern. Das Gleichgewicht bliebe dann gewahrt.

Was würde geschehen, wenn alle Gletscher der Erde schmelzen würden?
Das Wasser der Meere würde um mehr als 80 m steigen. Ganze Regionen wären zum Untergang verurteilt. Große Teile Norddeutschlands würden im Meer versinken.

Tornados und Stürme

Tornados sind sehr heftige Wirbelstürme, die auf ihrem Weg alles mit sich reißen. Die USA sind am häufigsten von Tornados betroffen.

Tornado in Texas
Die Gewalt der aufsteigenden Winde, die Geschwindigkeiten von mehr als 600 km/h erreichen können, erzeugt eines der heftigsten Wetterphänomene des Planeten. Tornados zerstören Gebäude und wirbeln Autos, ja sogar Lokomotiven durch die Luft.

Zyklone sind tropische Wirbelstürme, die sich über dem Meer bilden. Jedes Jahr verursachen etwa fünfzig Zyklone schwere Schäden. Die Windstärken übersteigen 118 km/h und werden von sintflutartigen Regenfällen begleitet.

i einem Tornado wird heiße
t in einem Wirbel nach
en gesogen. Man nennt den
chter, der die Wolke mit
m Boden verbindet, die
ba des Tornados.

Die Richter-Skala

Der amerikanische Geophysiker Charles Francis Richter erfand ein System, mit dem man die Stärke eines Erdbebens messen kann. Die Richter-Skala ist nach oben offen, wobei das bisher schwerste Erdbeben eine Stärke von 9,2 erreichte.

Stärke 3 auf der Richter-Skala: leichte Gegenstände zittern.

Stärke 4: Fenster zerbrechen und Gegenstände fallen herunter.

Stärke 5 und 6: Möbel bewegen sich, einige Kamine werden zerstört.

Ab **Stärke 6** stürzen Häuser ein und Straßen reißen auf.

Ab **Stärke 8** ist die Zerstörung vollständig. Eines der schwersten Erdbeben in Europa war das Erdbeben von Lissabon im Jahre 1755.

Wird es regnen?

Zirruswolken bestehen nur aus Eis und bringen keinen Regen.

Die dicken weißen **Kumuluswolken** am blauen Himmel können Schauer bringen.

Wenn **Altostratuswolken** den Himmel verdunkeln, verschwindet die Sonne, und es wird regnen.

Kleine Wetterkunde

Vor der Erfindung von Instrumenten zur Wetterbeobachtung haben die Menschen die unterschiedlichsten Zeichen für die Wettervorhersage genutzt.

Wenn die Schwalben tief fliegen, kündigen sie schlechtes Wetter an: Es wird regnen …

Wenn der Mond von einem weißen Hof umgeben ist, wird es am nächsten Tag wahrscheinlich regnen.

Erklärungen

A

Äquator: Der Äquator ist eine gedachte Kreislinie, die die Erdkugel in zwei gleiche Hälften teilt, in die Nord- und in die Südhalbkugel. Am Äquator sind Tag und Nacht das ganze Jahr über ungefähr gleich lang. Die um den Äquator gelegenen Regionen der Erde nennt man Tropen. Das Klima dort ist sehr warm und feucht.

Ästuar: Ein Ästuar ist eine Flussmündung, die durch die Gezeiten trichterförmig erweitert wurde.

E

Erosion: Mit Erosion bezeichnet man die sehr langsame Abtragung der Erdoberfläche durch die Einwirkung von Naturkräften wie zum Beispiel Regen, Schnee, Wind und Eis.

K

Kalkstein: Kalkstein ist ein weißes Gestein, das durch Zersetzung von Algen und Skeletten kleiner Tiere entstand. Es ist ein relativ weiches und brüchiges Gestein, das leicht durch Erosion abgetragen wird.

Kohlendioxid: Kohlendioxid ist ein farbloses Gas, das in der Luft vorkommt. In der Atmosphäre verhindert es vor allem die Wärmerückstrahlung in den Weltraum. Kohlendioxid entsteht auch bei der Verbrennung von Erdöl oder Kohle. Gibt es in der Atmosphäre zu viel Kohlendioxid, kann immer weniger Wärme entweichen, die Temperatur auf der Erde steigt. Kohlendioxid kommt außerdem in vielen Mineralwässern vor. Wird es in Wasser gelöst, entsteht unter anderem Kohlensäure. Diesen Vorgang gibt es auch in der Natur: Regenwasser enthält gelöstes Kohlendioxid aus der Atmosphäre und reagiert daher schwach sauer. Dieses Regenwasser kann Gestein auswaschen.

Kondensation: Wasser kondensiert, wenn es sich durch Abkühlung vom gasförmigen Zustand (Wasserdampf) wieder in den flüssigen Zustand verwandelt.

L

Lava: Lava ist geschmolzenes Gestein, das aus einem Vulkan ausgetreten ist.

M

Mäander: Wenn ein Fluss seinen Weg in gewundenen Biegungen gegraben hat, bezeichnet man die entstandenen Flussschlingen als Mäander.

Magma: Magma ist geschmolzenes Gestein tief

unter der Erde. Tritt es bei einem Vulkanausbruch an die Oberfläche, heißt es Lava.

Meteorologe: Dieses Wort ist griechisch und bedeutet „Wetterkundler“. Die Meteorologie ist die Wissenschaft von der Lufthülle der Erde und vom Wetter. Der Meteorologe erstellt Wettervorhersagen.

Moräne: Mit Moräne wird der von einem Gletscher mitgeführte Gesteinsschutt bezeichnet, der sich unter anderem an den Seiten des Gletschers ablagert.

O

Ozon: Ozon ist ein Gas, das ähnlich wie Sauerstoff zusammengesetzt, jedoch in hoher Konzentration giftig ist. Ozon wird u.a. in der Atmosphäre gebildet und hat dort die wichtige Aufgabe, den größten Teil der UV-Strahlen abzuhalten und nur einen kleinen Teil zur Erde durchzulassen. An manchen Stellen ist ein Loch in der Ozonschicht entstanden, und die gefährlichen Sonnenstrahlen können ungehindert auf die Erde gelangen.

P

Pol: Endpunkt der Achse eines sich drehenden Körpers. Bei der Erde unterscheidet man zwischen Nord- (oben) und Südpol (unten).

S

Satellit: Ein künstlicher Satellit ist ein Apparat, der von einer Rakete in eine Umlaufbahn um die Erde oder einen anderen Planeten geschossen wird. Ein natürlicher Satellit ist ein Himmelskörper, der sich um einen Planeten dreht, wie zum Beispiel der Mond.

Spalte: Eine Spalte ist ein kleiner Riss in einer Mauer oder einem Felsen. Gestein spaltet sich durch die Einwirkung von Wasser, Wind, Frost und großen Temperaturunterschieden.

Stalagmiten: Ein Stalagmit ist eine aus Kalkstein bestehende Tropfsteinsäule, die vom Boden einer Höhle nach oben wächst.

Stalaktiten: Ein Stalaktit ist eine aus Kalkstein bestehende Tropfsteinsäule, die von der Decke einer Höhle nach unten wächst.

W

Wendekreise: Die Wendekreise sind gedachte Linien, die parallel zum Äquator verlaufen. Der nördliche Wendekreis liegt nördlich des Äquators; der südliche Wendekreis liegt auf der Südhalbkugel der Erde.

Register

Bildnachweis

S. 22-o	Gary Brettnacher / Fotogram-Stone
S. 22-ul	John W. Warden / Cosmos
S. 22-ur	Kim Westerskov / Fotogram-Stone
S. 23-o	Robert Mitchell / Aspect / Cosmos
S. 23-u	Dilip Mehta / CONTACT Press Images
S. 24-o	Stefano Torrione / Hémisphères
S. 24-m	Pascal Maître / Cosmos
S. 24-u	Tristan Blaise / Visa Image
S. 38-l	G. Brad Lewis / Fotogram-Stone
S. 38-39-l	Aldana / Garrett / Woodfin Camp / Cosmos
S. 38-u	Guido A. Rossi / Image Bank
S. 39-ul	S. und D. O'Meara / Photo Researches / Cosmos
S. 39-h	R. Werth / Woodfin Camp / Cosmos
S. 39-ur	J. Duboisberrang / Image Bank
S. 40-o	Henryk T. Kaiser / Cosmos
S. 40-ml	Steinmetz / Cosmos
S. 40-m	Henryk T. Kaiser / Cosmos
S. 40-mr	Gérard Buthaud / Cosmos
S. 54-ol	Tristan Blaise / Visa
S. 54-ul	D. Bayes / Aspect / Cosmos
S. 54-55	X. Desmier / Visa
S. 55-ul	Kim Heacox / Fotogram-Stone
S. 55-r	Bernhard Edmaier / SPL / Cosmos
S. 56-l	John Warden / Cosmos
S. 56-r	Eric Meola / Image Bank
S. 68-69	Ron Sanford / The Stock Market
S. 70	Alan R. Moller / Tony Stone Images
S. 71-o	Ernest Braun / Fotogram-Stone
S. 71-u	Alan R. Moller / Tony Stone Image
S. 72-ol	Michael Wolf / Visum
S. 72-ul	Ralph Wetmore / Fotogram-Stone
S. 72-r	John Chard / Fotogram-Stone